Q&Aで理解する
中堅・中小企業向け M&A 実務の基礎

三菱UFJリサーチ&コンサルティング株式会社
コーポレートアドバイザリー部 〔著〕

一般社団法人 金融財政事情研究会

はじめに

　近年、グローバル化や国内市場の縮小の流れの中で、日本企業において、M&A（Mergers and Acquisitionsの略。企業の合併・買収のこと）は経営戦略実行の一手段として不可欠なものになっています。リーマンショック後数年間は一時的に落ち込んだものの、日本企業が関係するM&Aは活性化しており、直近は年間2,000件以上実施されています。

　大企業の中には、専門部署を設ける、または、証券会社等でM&Aアドバイザー経験のあるメンバーを雇用しM&A業務を内製化する等、M&Aへの取組みを強化し、毎年M&Aを複数件実施して事業を急拡大させている企業もあります。

　大企業だけではなく、中堅・中小企業においても、後継者不足、人材不足、グローバル化による市場競争の激化等から、さらなる発展、または市場での生き残りをかけて、経営戦略のひとつとしてM&Aの選択を迫られる場面が出てきています。しかし、中堅・中小企業は、大企業と異なり、M&A業務の内製化は困難であり、また、M&Aを検討・実施する機会もそれほどなく、専門的なノウハウ・ナレッジは蓄積されていません。そのため、多くの中堅・中小企業は、どのようにM&A戦略を立案するのか、また、M&Aアドバイザーや事業会社からM&Aを持ちかけられたときに、何を検討し、どのように対処すべきなのか、明確な答えをもっていないように思われます。

　このような日本の中堅・中小企業のM&A担当者（経営陣、実務担当者）が、M&Aについてより具体的なイメージをもち、タイムリーかつ適切な意思決定ができるようになることが、本書のテーマになります。

2018年8月

　　　　　　　　　　　　　　　　　　　　　　　　　　執筆者一同

本書で使用する用語について

β……ある上場企業の株価がマーケットポートフォリオ（TOPIX等）の指数と比較して、市場環境の変化に対してどの程度敏感に反応するかを示した指標のこと

B/S……Balance Sheetの略。貸借対照表のこと

CA……Confidential Agreementの略。秘密保持契約のこと。NDA（Non Disclosure Agreement）ともいう

CAPM……Capital Asset Pricing Modelの略。投資家が株式に要求するリターンが形成される過程を明らかにした理論。株式価値評価で使用する割引率を算定する際の理論として広く活用されている。

C/F……Cash Flow Statementの略。キャッシュフロー計算書のこと

DA……Definitive Agreementの略。M&Aの最終段階で締結される最終契約書のこと

DCF……Discounted Cash Flowの略。DCF法とは、事業を行うことによって将来生み出されると予想されるキャッシュフローを、割引率を用いて現在価値に換算することで、企業価値を算定する評価手法のこと

DD……Due Diligenceの略。買手がM&Aを進めるにあたり、会計士や弁護士等の専門家が対象会社の実態を把握するために行う企業調査のこと

EBITDA……Earnings Before Interest Taxes Depreciation and Amortizationの略。利払い前・税引き前・減価償却前・その他償却前利益のことで、財務分析上の概念のひとつ

（一般的な算式）EBITDA＝税引前当期純利益＋特別損益＋支払利息＋減価償却費

FCF……Free Cash Flowの略。債権者と株主に分配可能な余剰資金のこと

（一般的な算式）FCF＝税引後営業利益＋減価償却費等の償却費－設備投資±運転資本増減額

IM……Information Memorandumの略。売却対象となる企業・事業の情報を売手アドバイザー等が詳細にまとめて作成した資料のこと

IP……Information Packageの略。売却対象となる企業・事業に関する詳細資料一式のこと

IPO……Initial Public Offeringの略。非上場企業の株式を新規に証券取引所に上場

すること
JV……Joint Ventureの略。合弁事業のことであり、複数の異なる企業等が共同で事業を行うための組織のこと
M&Aアドバイザー……M&Aの実行支援を行うプレイヤーのこと。具体的には、金融機関（銀行、証券、信託銀行等）、コンサルティング会社、M&Aブティック、M&A仲介会社が該当する
M&A仲介会社……M&Aアドバイザリー業務を行うファームのこと。売手と買手の間に位置し、双方代理として、双方の条件を詰めて成約に導くためにアドバイスするのが一般的
M&Aブティック……M&Aアドバイザリー業務を専門的に行うプロフェッショナルファームのこと。売手か買手のどちらかにつき、片方の利益を最大化するためにアドバイスするのが一般的
MBO……Management Buy Outの略。対象会社の経営陣が出資するかたちで、対象会社を買収する手法のこと
P/L……Profit and Loss statementの略。損益計算書のこと
PMI……Post Merger Integrationの略。M&A成立後、管理体制や情報システム等さまざまなものを統合する統合プロセスのこと
ROI……Return On Investmentの略。投資額に対する利益額の比率を表したもの
Teaser（ティーザー）……M&A対象会社の概要を対象会社が特定されない程度に匿名でまとめたもの。ノンネームシートともいう
Terminal Value（ターミナルバリュー）……事業計画の計画期間終了後も事業が永続的にキャッシュフローを生み出すと考え、その計画期間終了後に生み出されるキャッシュフローを基に算定した価値のこと
（一般的な算式）Terminal Value＝事業計画最終期間の翌年度の予想FCF÷（WACC－永久成長率）
TOB……Take-over Bidの略。株式公開買付制度のこと。株式の買付数や価格、期間等をあらかじめ公表し、市場外で不特定多数の株主から株式を買い付けること
Valuation……企業価値評価のこと。マーケットアプローチ、インカムアプローチ、コストアプローチの3つの方法がある
WACC……Weighted Average Cost of Capitalの略。株式調達にかかるコストと借入等の負債にかかるコストを加重平均した加重平均資本コストのこと
意向表明書……LOI（Letter of Intent）ともいう。買手が対象会社の株主や経営陣

に対して、買収意向や希望条件等を伝える文書のこと

株主資本コスト……株主が企業に要求する利回りのこと。一般的にはCAPM理論に基づき（株主資本コスト＝無リスク利子率＋β×市場リスクプレミアム）で算定する

基本合意書……LOI（Letter of Intent）またはMOU（Memorandum of Understanding）ともいう。M&Aを進めるうえで、買手・売手の両当事者間で基本的な合意が得られた時点で締結される書類のこと。一般的には意向表明書が提出された後、DDに進む前に締結される場合が多い

クロージング……DA締結後、必要書類の受渡しや資金決済、役員の改選等を行う最終的な手続のこと

市場リスクプレミアム……マーケットポートフォリオ（TOPIX等）の期待利回りから無リスク利子率を減じて算出する

シナジー……M&A実施に伴い創出される、買手・対象会社が単独で事業を行う場合の価値の総和を上回る追加的価値のこと。具体例として、クロスセリング（買手・対象会社が提供する商品・サービスを組み合わせて顧客に提供する手法）や販売チャネルの拡大による売上増加シナジー、重複する営業・生産拠点の統廃合によるコスト削減等がある

ショートリスト……ロングリストを一定条件等で絞り込んだもののこと

負債コスト……債権者が企業に要求する利回りのこと

プレM&A……M&Aに関する基本戦略策定のこと。具体的には、買収目的の明確化、自社の経営戦略との適合性の確認、中長期的な観点からターゲットとする事業、規模、地域、部門等を検討することになる

プロセスレター……入札プロセスの進め方や、検討手順、スケジュール等をまとめた説明書のこと

ロングリスト……M&Aを検討する際に、相応のシナジーが想定される企業として買手候補先（または買収対象候補先）をリストアップしたもの

法令名等略記

会	会社法
会施規	会社法施行規則
金商法	金融商品取引法
判時	判例時報

目　　次

Ⅰ　M&Aの実施に向けた準備

1　M&Aの一般的な流れ ……………………………………… 2
　Q1　M&Aを実行したいが、どのような流れで進み、一般的にどのくらいの時間を要するのか ……………………………… 2

2　M&Aの実施に向けた準備（買手サイド・売手サイド共通） …… 7
　Q2　M&Aの成功のポイントは何か …………………………… 7
　Q3　M&Aアドバイザーとは何か。また、どういった種類のプレイヤーがいるのか ………………………………………… 10
　Q4　支配権を取得しない場合、パートナリングの方向性としてはどのようなかたちが考えられるか ………………………… 14
　Q5　取得・譲渡する株式の議決権比率によって何が変わってくるのか ……………………………………………………… 16

3　買手サイドにおける準備 …………………………………… 18
　Q6　買収戦略の類型には、どのようなものがあるか ………… 18
　Q7　早急にM&Aを実行したい。担当者としてどのように動けばよいか ……………………………………………………… 21
　Q8　取引銀行や証券会社に案件の持込みを依頼してもなかなか紹介がないが、なぜか ……………………………………… 24
　Q9　ティーザー（ノンネームシート）を受け取った際の対応や確認すべきポイントは何か ………………………………… 26
　Q10　同業他社や取引先から会社を買ってくれないかと相談を受けたが、何に注意すべきか …………………………………… 29
　Q11　M&Aの検討を進めるには、どのようなメンバー、体制が必要か ……………………………………………………… 31

Q12　M&A候補先リストを作成して検討を進めていく場合、どのようなステップで候補先を選定すればよいか……………………… 33

　Q13　ロングリストやショートリストを作成する際は、どのような調査方法を用いるべきか。またどのような方法で優先順位をつけるべきか………………………………………………………… 38

　Q14　候補先にアプローチする際、だれからどのように説明を行えば効果的か、留意点は何か………………………………… 41

4　売手サイドにおける準備…………………………………… 44

　Q15　売却プロセスにおいて外部のM&Aアドバイザーの起用は必要か。どのような基準で選定するのか……………………… 44

　Q16　売却を検討する際に、最低限準備をすべきことは何か……… 46

　Q17　開示資料はインフォメーションパッケージとインフォメーションメモランダムのどちらを採用すべきか………………… 49

II　M&Aの実行

1　秘密保持契約……………………………………………………… 54

　Q18　秘密保持契約には差入式と双務式があるが、その違いや、とりわけ重要な条項は何か………………………………… 54

　Q19　下記のような場合、秘密保持契約についての取扱いはどのようにすればよいか………………………………………… 58
　　　1．別途通常取引において、秘密保持契約を締結している場合
　　　2．案件に関与する役職員との秘密保持契約

2　プロセス………………………………………………………… 60

　Q20　秘密保持契約以外に、情報の管理においてどのような点に注意する必要があるか………………………………………… 60

　Q21　相対方式と入札方式の場合の異なる点、それぞれにおいて注意すべきポイントは何か……………………………………… 62

  Q22 入札方式の場合は、候補先はどのように、何社程度選定されるものなのか……………………………………………………………… 64
3　意向表明書 …………………………………………………………… 66
  Q23 意向表明書には一般的に何を記載することが多いのか………… 66
  Q24 意向表明書を作成するうえで、注意すべきポイントは何か。売手はどこにポイントを置き意向表明書を比較するのか………… 69
4　基本合意書 …………………………………………………………… 71
  Q25 基本合意書とは何か、そもそも締結すべきなのか。また、論点になりやすいポイントは何か……………………………………… 71
5　デューデリジェンス（DD）の進め方 ………………………………… 73
  Q26 DDの対象範囲にはどのようなものがあり、どのようにして決定すればよいか………………………………………………………… 73
  Q27 DDの開示資料リストは、売手と買手のどちらがどのようにして作成するのか……………………………………………………… 76
  Q28 インタビューと見学（事業所・工場）はどのように実施すればよいか……………………………………………………………… 79
6　DD（セルサイド特有論点） ………………………………………… 81
  Q29 売手として、DDを受ける際に適切な体制とは何か……………… 81
  Q30 買手候補先への資料の受渡し方法として、バーチャルデータルーム（VDR）の活用は最適な方法なのか…………………………… 83
7　契約書交渉 …………………………………………………………… 85
  Q31 最終契約書は、売手と買手のどちらが作成するのか…………… 85
  Q32 最終契約書において論点になりやすいポイントは……………… 87
  Q33 表明保証とは何か………………………………………………… 91
  Q34 DDでリスクが発見されたとき、最終契約書上どのように反映すればよいか…………………………………………………………… 94
8　案件公表 ……………………………………………………………… 97
  Q35 開示義務がない場合でも、案件公表はするのか。取引先や従

　　　　業員等にはどのタイミングで伝えればよいか ········· 97
　　Q36　上場企業の一般的な株式譲渡の場合、どのような開示が求められるのか ········· 99
9　クロージング手続 ········· 102
　　Q37　中堅・中小企業のM&Aにおいて独占禁止法対応は必要なのか ··· 102
　　Q38　契約締結からクロージングまでどの程度の期間を要するのか ··· 105
　　Q39　クロージングでは何を実施するのか ········· 107

Ⅲ　Valuation

1　各手法における注意点 ········· 110
　　Q40　各手法の長所と短所、留意点は何か ········· 110
　　Q41　類似会社はどのように選定するのか ········· 114
　　Q42　割引率はどのように算定するのか ········· 116
2　採用される手法（案件特性別）········· 119
　　Q43　Valuationではどの手法を用いるのが最も正しいのか ········· 119
　　Q44　案件特性別（上場、非上場、ファンド、再生案件）に採用されやすい手法はどれか ········· 122
　　Q45　初期的に簡単なValuationを実施したい場合は、どの手法が採用されるのか ········· 124
3　税務上の評価手法と相違点 ········· 125
　　Q46　M&Aの際に税務上の評価手法は利用するのか ········· 125
4　買手における検討ポイント ········· 127
　　Q47　各手法の計算上、価値へのインパクトが最も大きな項目は何か ········· 127
　　Q48　修正簿価純資産法において、将来の利益を上乗せする場合、何年分が適正か ········· 131
　　Q49　DDにて発見・報告された項目はValuationにどのように反映

すればよいか ……………………………………………………… 133
　Q50　適正価格で対象会社を買収するにはどうしたらよいか ………… 136
　Q51　売手が提示してきた事業計画を信用してもよいか。提出され
　　　た事業計画についてどのように検証すればよいか …………… 138
　Q52　M&A後のシナジーを考慮した事業計画はどのように作成す
　　　ればよいか ……………………………………………………… 140
5　売手における検討ポイント ………………………………………… 142
　Q53　事業計画・目標は高めに設定したほうがよいか。不利な情報
　　　等も事業計画にしっかり織り込むべきか ……………………… 142
　Q54　予測P/Lのみではなく、予測B/S、予測C/Fも作成したほう
　　　がよいか。投資計画・人員計画の作成も必須か ……………… 144
6　買手、売手における検討ポイント ………………………………… 146
　Q55　株式価値算定書の取得は必要なのか ……………………………… 146
　Q56　フェアネスオピニオンが必要なケースは、どのようなときか … 147

Ⅳ　案件の種類

1　買収案件 ……………………………………………………………… 150
　Q57　株式譲渡で企業全体ではなく、シナジーの見込まれる「ある
　　　事業のみ」を買収したい。どのようなスキームがあるのか ……… 150
　Q58　現金を支払わずに企業（事業）を買収したいが可能か ………… 158
　Q59　非上場企業でも公開買付け（TOB）が必要になることがある
　　　のか ……………………………………………………………… 163
　Q60　私的整理手続での再生企業の買収案件を紹介されている。法
　　　的整理手続でなくても問題はないのか ………………………… 165
　Q61　私的整理手続での再生企業の買収において留意すべき点は何
　　　か ………………………………………………………………… 168
　Q62　私的整理手続での再生企業のM&A案件について、プロセス

　　　　が通常のM&Aと異なる点はどこか ……………………………… 171
2　統合案件 …………………………………………………………… 173
　　Q63　対等な経営統合を実施したい。どのようなスキームがあるの
　　　　か ………………………………………………………………… 173
　　Q64　経営統合案件の場合、持株会社が設立される案件をよくみる
　　　　が、なぜそのような選択をするのか ………………………… 177
　　Q65　上場企業と非上場企業でも経営統合は可能か ……………… 180
3　MBO ………………………………………………………………… 182
　　Q66　なぜMBOを実施するのか …………………………………… 182
　　Q67　上場企業によるMBOの実施の際、経営陣のみの出資でも会
　　　　社を買収可能なのか …………………………………………… 185
　　Q68　MBOの実施には通常のM&Aと同様のアドバイザーに加え第
　　　　三者委員会が必要なのはなぜか ……………………………… 188
　　Q69　MBO後の再上場は可能か …………………………………… 190
4　資本提携・ジョイントベンチャー（JV）案件 ………………… 192
　　Q70　業務提携先から資本提携も打診されている。違いは何か …… 192
　　Q71　100％の株式取得案件と資本提携の株式取得で株式の評価額
　　　　は異なるのか …………………………………………………… 195
　　Q72　JVにおける資本構成はどのように決まるのか …………… 197

Ⅴ　PMI

　　Q73　PMIを見越して、DDで確認しておかなければいけないポイ
　　　　ントはどのようなところか …………………………………… 200
　　Q74　最終契約締結からクロージングまでに、PMIの観点からどの
　　　　ようなことを実施すればよいか ……………………………… 204
　　Q75　M&A後、シナジー効果を早期に実現するためには、どのよ
　　　　うにマネジメントを行っていけばよいか …………………… 206

Q76　M&A後の組織風土の融合は、どのように進めるべきか………208

〈別紙1〉案件概要書（サンプル）……………………………………210
〈別紙2〉秘密保持契約書（サンプル・差入式）……………………211
〈別紙3〉秘密保持契約書（サンプル・双務式）……………………214
〈別紙4〉秘密保持に関する誓約書（サンプル）……………………217
〈別紙5〉基本合意書（サンプル）……………………………………218
〈別紙6〉株式譲渡契約書（サンプル）………………………………225

参考文献一覧………………………………………………………………232
事項索引……………………………………………………………………235
執筆者紹介…………………………………………………………………238

I

M&Aの実施に向けた準備

1 M&Aの一般的な流れ

Q1

M&Aを実行したいが、どのような流れで進み、一般的にどのくらいの時間を要するのか

A

M&Aの進め方には、**相対方式**と**入札方式**の2種類があります。相対方式とは、売手と特定の1社の買手候補先との間で売買交渉を行う方式のことをいいます。入札方式とは、買手候補先を複数選定のうえ、それぞれの候補先に打診し、候補先の中から最もよい条件を提示した会社と取引を行う方式のことをいいます。相対方式、入札方式の詳細については【Q21】をご参照ください。

入札方式の場合における売手および買手それぞれの一般的なM&Aの流れについては、図表Ⅰ-1をご参照ください。

相対方式の場合、売手と買手が1対1で向き合っており、M&Aの進め方も当事者間で柔軟に決められるため画一的なものはありませんが、入札方式と似通った進め方が多いです。

M&Aの案件検討からクロージングまでの期間については、案件の規模、交渉戦略、スキーム等によって異なります。筆者の経験上、入札方式の株式譲渡の場合、案件検討から最終契約締結まで**6カ月～1年程度**の期間となることが多いです。相対方式の株式譲渡の場合、案件検討から最終契約締結まで最短で1カ月程度の期間で完了してしまうこともありますが、一般的にみて**6カ月程度**を要する案件が多いようです。ステークホルダーの意向、スキーム、案件形式等により、短縮または長期化することもあります。

図表Ⅰ－1　M&Aにおける入札方式の場合の、売手および買手の実施事項とスケジュールの一例

		売手サイド		買手サイド	
プレM&Aフェーズ	1～3カ月	自社または事業の評価	・外部環境、内部環境分析をふまえ、自社または事業の見通しを評価	M&A戦略の選択	・事業計画を達成するためのリソース獲得手段として内部成長（オーガニックグロース）ではなく、M&Aを選択
		M&A戦略の立案	・選択と集中、業界再編、事業承継、事業再生（大手傘下の経営再建）などの目的に応じ、売却対象、売却時期、売却プロセスなどを検討	M&A戦略の立案	・獲得すべき対象領域（事業、地域、製品群、無形固定資産等）を明確化した戦略を策定 ・タイムテーブル、投資額などの初期的条件を検討
				ロングリストの作成	・事業内容、事業規模、財務内容、地域、代表者および年齢、従業員数などの選定基準を基にリストアップ
				ショートリストへの絞り込み	・シナジー効果、成長性、企業風土の融合性、実現可能性などを評価し、絞り込み
				アプローチ方法等の検討	・打診先に適したアプローチ手段（直接打診、FA経由、メインバンク経由、取引先経由、コールドコール等）を検討し、打診の順番、優先順位を確定

Ⅰ　M&Aの実施に向けた準備

			売手サイド		買手サイド	
マーケティングフェーズ	2カ月程度	希望条件の整理、売却方式の検討	・マーケティングを実施（買手候補先の選定） ・価格、スキームなどの前提（希望）条件を整理 ・売却プロセス（オークション、相対）の検討			
		ティーザーの作成	・所在地、事業内容、特徴、業績、取引形態、譲渡理由、希望条件等を記載したノンネームの概要を作成			
		IMおよびプロセスレターの作成	・候補先へ開示する対象会社の基礎情報を記したインフォメーション・メモランダム（IM）およびプロセスレターを作成			
		買手と接触	・買手と接触	売手と接触	・売手と接触	
エクセキューションフェーズ	4カ月〜1年	初期的検討状況の確認	・買手の検討状況を適宜確認	秘密保持誓約書の差入れ	・秘密保持契約書（CA）を差し入れ、IMの開示を受ける	
		Q&Aの回答準備等	・買手の初期的検討に係る質問に関し回答	初期的検討Q&Aの実施	・売手から受領したIMを参照し、前提条件の確認・買収スキームの検討、バリュエーション等を実施 ・必要に応じて	

フェーズ	期間	売手サイド		買手サイド	
エクセキューションフェーズ	4カ月～1年				Q&Aで実施し、内容確認したうえで、意向表明書を作成
		意向表明書の内容確認	・複数の候補先から提出された意向表明書を比較 ・最終入札に進む候補先を選定	意向表明書の提出	・意向表明書を提出
		1次入札結果の連絡	・最終入札に進む候補先に対して連絡	専門家のアサイン	・弁護士、会計士・税理士等の専門家をアサインし、DDのチームアップを実施
		DD対応最終契約書の準備等	・DDの受入れ（資料の開示、インタビュー、Q&Aシート対応など） ・最終契約書を作成	DD実施	・法務、財務・税務、ビジネスDDなどを実施 ・マネジメントインタビューや必要に応じて工場見学なども実施
		交渉	・買手と条件交渉	交渉	・売手と条件交渉 ・法的拘束力のある最終提案書と最終契約書のマークアップ案を提出
		最終契約の締結	・最終契約の締結、調印		
		ステークホルダーへの説明	・顧客、取引先、従業員、金融機関等への説明		
		クロージング	・着金確認 ・株主名簿の書換え	クロージング	・資金決済 ・株主名簿の書換請

Ⅰ　M&Aの実施に向けた準備

		売手サイド	買手サイド
			求 ・臨時株主総会の開催
ポスト M&A フェーズ	1カ月 〜	PMIの実施	・役員の派遣、人事交流の開始 ・システム統合 ・会計制度の統一

2 M&Aの実施に向けた準備
（買手サイド・売手サイド共通）

Q 2

M&Aの成功のポイントは何か

A

1 M&Aにおける成功・失敗の判断とは

　M&Aの評価には時間軸の論点が付きまとうため、M&Aにおける成功・失敗の判断はむずかしい問題です。成約後の初期段階では株主、アナリスト等から失敗と揶揄された案件でも、中長期的には成功したケースもありますし、同様に、成約後の初期段階では素晴らしい案件だといわれていても、外部環境の変化もあり中長期的には失敗したというケースもあります。そのため、本問では、M&Aの検討から実施までの間に考慮すべき、M&Aの成功・失敗に影響する重要な要因を説明します。

2 M&Aの成功・失敗に影響する主な要因とは

　M&Aの成功・失敗に影響する主な要因は、一般的に(ア)経営戦略・事業戦略におけるM&Aの位置づけが明確か、(イ)DDが十分に行えたか、(ウ)最終契約が納得のいく内容になっているか、(エ)統合後のPMIが適切に行えているか、の4つと考えられます。

　(ア)　**経営戦略・事業戦略におけるM&Aの位置づけ**

　そもそもM&Aは自社の将来像を実現するための手段であり、あくまで経

営戦略・事業戦略の一方策にすぎません。そのため、まずは自社の目指すべき将来像およびその実現に向けての**経営戦略・事業戦略を策定**し、今回のM&Aが本当に必要なのかを考えるべきです。

(イ) 十分なDDの実施

たとえば、LIXILによるグローエの買収案件において、グローエの中国子会社で不正会計問題が発覚した事例のように、M&Aでは買収後に大きな問題が発生することも珍しくありません。そのため、DD実行の時間・範囲に制約がある中、**重要なポイントを見極め、DDを通じ売手または対象会社を可能な限りしっかりと精査**する必要があります。

(ウ) 最終契約の内容

主に、**①買収価格**と**②表明保証等の定性的な条文内容**の2つが論点となります（②については【Q33】で後述します）。①については、買手の買収意欲が強い場合や入札案件で競合他社がいる場合、株式価値を高めに算定する傾向があります。一方で、M&Aはあくまで投資であり、いずれ回収していくものであることに鑑みると、競合企業の買収提示価格に翻弄されるのではなく、自社にとって適正と考える株式価値を客観的に算定していく必要があります。

筆者が担当した電子部品製造企業の買収案件では、最初は買手が客観的に評価した買収希望価格よりも売手の価格目線が高く、いったん案件は中断しましたが、その後買手として売手になぜこの価格が適正であるのかをしっかり説明することにより、売手も納得し、適正価格で買収することができました。M&Aにおいては、買収価格が必要以上に高くなりすぎる場合には諦めるという選択肢をもつことや、売手の価格目線を引き下げ再度交渉することも重要です。

㈎ 統合後のPMI

　M&Aの成功のためには、「対象会社を買収することによって定量的に評価可能なシナジーが生まれている」ことが重要であり、通常、買収価格には、このシナジーが織り込まれています。一方で、買収時にこのシナジーは実現していない、あくまで想定のものですので、買収して終わりではなく、シナジーを実現していかなければなりません。だからこそ、**買収後の両企業の効率的かつ円滑な統合**というPMIの成功が重要になってきます。

Q3

M&Aアドバイザーとは何か。また、どういった種類のプレイヤーがいるのか

A M&Aアドバイザーとは、M&Aの実行フェーズにおける一連のアドバイスと契約成立までの取りまとめを担う専門家のことをいいます。主なプレイヤーとその特徴は図表Ⅰ－2のとおりです。

なお、弊社（三菱UFJリサーチ＆コンサルティング）は、銀行系のコンサルティング会社であるため、後述の「**2** 商業銀行」の特徴を有しながら、M&Aの戦略策定や、実行フェーズ後のPMI等のサービスも実施できるプレイヤーといえます。

図表Ⅰ－2　M&Aアドバイザーの種類と特徴

M&Aアドバイザーの種類	主な対応領域	強み	弱み
1　外資系投資銀行・証券会社	・大型、統合、クロスボーダー案件に対応	・高度な助言、情報収集力 ・買収資金調達のアレンジ能力	・比較的高いFAフィー ・専門家費用は別途
2　商業銀行	・事業承継、ミドルマーケット案件に対応	・豊富な顧客基盤あり ・候補先発掘能力	・専門家費用は別途
3　M&Aブティック	・大型から小案件まで幅広く対応	・高度な情報収集力 ・専門的なナレッジ	・候補先発掘能力 ・専門家費用は別途
4　M&A仲介会社	・中小案件に対応	・相対取引 ・クロージングまでの期間	・双方代理(利益相反) ・専門家費用は別途
5　監査法人系コンサルティングファーム	・大型から中堅、クロスボーダー案件に対応	・グループを活用したトータルなサービス ・豊富な海外情報網	・候補先発掘能力

1 外資系投資銀行・証券会社

　外資系投資銀行は、企業価値ベースで数百億円、数千億円以上の大型案件を中心に対応しており、近年増加しているクロスボーダーのM&A案件を中心に対応しています。また、その最低報酬額は数億円程度といわれています。一方で、日系の大手証券会社は、企業価値で数十億円のミドルマーケットから国内の大型案件まで広く対応しています。外資系投資銀行や日系の大手証券会社は、新聞の一面を飾るようなディールを獲得するために、日々激しい獲得競争を展開している状況です。

　彼らの強みとしては、M&Aアドバイザーとして**高度に専門的な助言やグローバルな情報収集力**のみならず、**多額の買収資金調達のアレンジ能力**があります。ただし、フィー水準は、他のM&Aアドバイザーより高額になります。また、彼らは財務や法務の専門家ではありませんので、公認会計士や弁護士等の費用は別途必要になります。

2 商業銀行

　商業銀行は、一般的にミドルマーケットといわれる領域を中心に対応しています。メガバンクの場合、最低報酬額は数千万円程度です。最近ではメガバンクばかりではなく、信託銀行、地方銀行や信用金庫等も中小企業を中心に積極的にM&A業務に取り組んできている状況です。彼らの強みはその**豊富な顧客基盤**であり、特にメガバンクであれば**信頼のおける数多くの候補先を比較的迅速に見つけてきてくれる**可能性があります。中堅・中小企業のオーナーでM&A（特に売却）を検討している場合には、まずはメインバンクに相談することをお勧めします。ただし、外資系投資銀行・証券会社と同様に、公認会計士や弁護士等の費用は別途必要になります。

3 M&Aブティック

　M&Aブティックとは、M&Aのアドバイザリー業務を専門的に行う独立

系と呼ばれる会社のことをいいます。扱う案件はさまざまで、大型のM&A案件を中心に行う会社もあれば、中小企業専門の会社もあります。一般的には、大手証券会社や投資銀行のM&A部隊の出身者によって設立されていることが多く、**M&Aに関する情報量やナレッジが豊富**なことが彼らの強みといえます。ただし、一概にはいえませんが、どの金融グループにも属していないため、案件の候補先を探すことや、候補先のキーパーソンにコンタクトをとることについては、金融系と比較すると弱みと考えられるでしょう。また、公認会計士や弁護士等の費用は別途必要になります。

4　M&A仲介会社

　M&A仲介会社とは、M&Aアドバイザーとは異なり、売手と買手の間に入り、双方の条件を詰めて成約に導く会社のことです（双方代理）。扱う対象としては、中小企業の案件が大半を占めます。M&A仲介会社の場合、**売手と買手が１対１で進めることが多いため、相手の顔をみながら進めたい**と考える売手にとってはよいでしょう。

　ただ、M&A仲介会社は売手と買手の双方から手数料を受け取りますので、利益相反の問題が付きまといます。そのため、たとえば、上場企業等の案件で第三者からの算定書の取得が必要となる案件には起用できません。また、売手は一度取引をしてしまえばそこで取引が終わりになる一方、買手はリピート顧客となる可能性があり、今後を見据えて買手寄りのアドバイスになるおそれもあります。なお、公認会計士や弁護士等の費用は別途必要になります。

5　監査法人系コンサルティングファーム

　Big 4とよばれる監査法人系コンサルティングファームもM&Aアドバイザリー業務を行っています。彼らは、そのグローバルなネットワークを生かしたクロスボーダー案件や国内の大型から中堅案件まで幅広く取り扱っています。彼らの強みとして、グループ内に財務DD、ビジネスDD、不動産DD

等を行える部署があるため、**買手サイドであればほとんどのサービスをワンストップで受けることができます**。また、実行フェーズ以前のいわゆるM&Aの戦略策定や、実行フェーズ後のPMI等のサービスを実施しており、グループを活用した**トータルなサービスを提供**できることが強みといえるでしょう。ただし、監査法人系コンサルティングファームはどの金融グループにも所属していないので、案件の候補先を探してもらうことについては、金融系と比較すると弱みと考えられるでしょう。

Q4

支配権を取得しない場合、パートナリングの方向性としてはどのようなかたちが考えられるか

A M&Aは、一般的には企業買収を意味しており、買手による対象会社の支配権取得を意味しています。支配権を取得しないパートナリングの形態としては、**資本提携**や**業務提携**が考えられます。

資本提携とは、複数の企業が独立しながら相互関係を構築する提携のうち、資金の移動があるものをいいます。その態様のひとつとして、マイノリティーとして支配権獲得に満たない出資を行うものがあります。この方法は、たとえば、小規模な企業に対して有望な製品や技術の開発支援をする場合等に用いられることがあり、多くの場合、出資元企業は出資先企業に役員を派遣します。その一形態として、マイノリティーとしてのジョイントベンチャーへの参加があります。ジョイントベンチャーとは、複数の企業がそれぞれの経営資源を持ち寄って遂行する共同事業のことをいいます。株式会社のような法人形態をとることが多いですが、どのような形態をとるかは当事者で自由に決めることができます。

業務提携とは、資本的なつながりをもたずに、互いの利益のためにノウハウや技術を共有して特定の分野で協力することをいいます。業務提携の典型的な類型としては、生産提携、販売提携、技術提携、共同開発に関する提携等があります。ただし、以上に限定されず、業務提携についての企業間の合意は、その性質上、多種多様です。

より広い意味でのビジネスアライアンスとしては、ライセンス契約やフランチャイズ契約があります。ライセンス契約とは、特許やブランド等の権利者が、ほかの者に対して利用の許諾をする契約のことです。これによりほかの者は他社の技術を自社で利用することが可能となります。フランチャイズ契約とは、特定の商品・サービスの提供について独占的な権利を有する企業

が、加盟店に対して特定地域における販売権を与え、加盟店が企業に対しロイヤリティーを支払う契約のことです。これにより、加盟店は権利を有する企業から経営に関するコンサルティングや販売促進支援、資金面での支援等を受けることが可能となります。

　M&Aの場合、買手が対象会社を取得した後、PMIを実施しなければならないため、経営管理体制構築のための時間や費用といったコストがかかるうえ、最終的には統合がうまくいかない場合も想定されます。一方、M&A以外の資本提携や業務提携等を選択した場合には、そういった**時間・コストや失敗のリスクを回避あるいはミニマイズ**しながら、入手したいと考えていた**他社の技術、製品や市場にアクセス**できるメリットがあります。反対に、会社や事業に対する支配権が限定されることや、他社と利益を共有する必要があること、また自社のノウハウや顧客データベース等が提携している他社へ流出するリスクが存在するというデメリットがあるため、注意が必要です。

Q5 取得・譲渡する株式の議決権比率によって何が変わってくるのか

A 取得する株式の議決権比率により、**株主としてどこまで権利が行使できるか**に関して違いが出てきます。100％の株式を保有していれば、その会社を完全にコントロールできます。100％でなくとも、総議決権の3分の2以上の株式を保有していれば、株主総会の特別決議事項（会309条2項）について単独で可決できます。そのため、いわゆる合併、会社分割、株式移転等の組織再編行為や、新株発行等の持株割合の変化に関わる事項、定款の変更等の企業にとっての重要な事項を決めることができるので、実質的に完全支配しているに近いといえるでしょう。

総議決権の3分の2以上でなくとも、過半数を有していれば、株主総会の普通決議事項（会309条1項）である企業の取締役の選任・解任（会341条）、役員の報酬等（会361条1項、会379条1項、会387条1項）、剰余金の配当（会454条1項）に関する決議等を単独で可決できるため、一定程度の会社支配権を有しているといえます。

議決権比率が50％以下の場合には、大きく10％以上、3％以上、1％以上で分かれてきます。

10％以上を有している場合、会社の解散請求（会833条1項）を行うことができます。3％以上を有している場合、会計帳簿の閲覧謄写請求（会433条1項）や会社（その子会社を含みます）の業務および財産状況調査のための検査役選任請求を行うことができ（会358条1項）、さらに6カ月以上継続保有している場合には株主総会招集請求（会297条1項）、役員の解任請求（会854条1項）を行うことができます。1％以上を6カ月以上継続保有している場合、株主総会の検査役選任請求（会306条1項）や株主提案を行うことができます（会303条2項）。なお、株主提案権については、総議決権のある株式300個以上を6カ月以上継続保有していれば、行使することができます。

図表Ⅰ－3　議決権比率に応じた株主の主な権利

議決権保有割合	主な権利	6カ月の株式継続保有要件
3分の2以上	・株主総会の特別決議事項の可決が可能（会309条2項） ✓会社合併、会社分割、株式移転等の組織再編行為 ✓新株の有利発行等の持株割合の変化に関わる事項 ✓定款の変更	― ― ―
過半数	・株主総会の普通決議事項の可決が可能（会309条1項） ✓取締役の選任、解任（会341条） ✓役員の報酬等（会361条1項、会379条1項、会387条1項） ✓剰余金の配当（会454条1項）	― ― ―
10％以上	・会社の解散請求権（会833条1項）	―
3％以上	・会計帳簿の閲覧謄写請求権（会433条1項） ・業務および財産状況調査のための検査役選任請求権（会358条1項） ・株主総会招集請求権（会297条1項） ・役員の解任請求権（会854条1項）	― ― 有 有
1％以上	・株主総会の検査役選任請求権（会306条1項） ・株主提案権（会303条2項）	有 有
300個以上	・株主提案権（会303条2項）	有

　議決権比率が過半数を超えた場合を含む、議決権比率に応じた株主の主な権利をまとめると図表Ⅰ－3のとおりです。

3 買手サイドにおける準備

Q 6

買収戦略の類型には、どのようなものがあるか

A 買収戦略として、一般的に検討される方向性は、**1**既存事業の強化と**2**新規事業の獲得の２つに大別されます。**1**既存事業の強化として、下記の５つがあげられます。

(ア) 製品・サービスラインの拡充
(イ) バリューチェーン上の機能の拡充
(ウ) 展開エリアの拡充
(エ) 新たな技術の獲得
(オ) 規模の拡大

1 既存事業の強化とは

(ア) 製品・サービスラインの拡充

文字どおり**顧客に販売する**モノやコトをふやすことを目指すものです。製品やサービスラインをふやすことにより、対象となる潜在顧客の母数をふやす、または既存顧客が購入している製品やサービスに関連するものを組合せで追加購入してもらい、既存顧客への販売量をふやすことをねらいます。たとえば、筆者が担当したweb広告に強みをもつ企業の売却案件は、伝統的な広告業を営む買手がwebへのサービスの拡大・強化を目的としたもので、双方満足のいく条件で合意できました。売手の要望や目指していきたい将来像が買手の方向性と合致していたというのはもちろんですが、買手の経営戦略・事業戦略が非常に明確かつシンプルであった点が売手にも魅力として伝

わったものと考えます。

(イ)　バリューチェーン上の機能の拡充

　業務活動の幅を広げることを意味しています。バリューチェーン上の機能（主活動）として、たとえば製造業であれば、原材料購入、製造、出荷物流、マーケティング・販売、アフターサービス等があげられます。すべての業務活動を一気通貫で自社保有しているケースは稀であり、一般的には多くの会社が連携して顧客に製品やサービスを届けていますが、その機能の一部または全部について、M&A等を駆使して内製化する動きもあります。たとえば、アパレル業界では、かつて消費者に販売を行う大手百貨店とアパレル製品の製造を行うアパレルメーカーが棲分けをしていました。しかし現在では、バリューチェーン上の機能を自社で複数保有することで、流通コストの中抜きによるコスト削減や顧客ニーズを把握して迅速な商品開発を行うGAP、ZARAまたはユニクロといった製造小売業が高い競争優位を築いています。

(ウ)　展開エリアの拡充

　たとえば関西圏で事業を行っていた会社が関東圏で事業を行っている会社を買収して関東圏に進出するといった**国内におけるエリアの拡充**はもちろん、海外で事業を行っている会社を買収する**海外エリアへの拡大**もあげられます。筆者が担当した、産業用エンジン等の卸売を行う商社の売却案件では、東北以北で安定的な事業基盤をもつ売手を、関東圏および関西圏を中心に事業展開する大手機械商社が展開エリアの拡大を企図し、買収しました。近年は、海外へ進出するためのM&Aが注目されるケースが多いですが、国内の三大都市圏以外においても多くの有望な事業基盤や技術をもった企業がいることも事実ですので、国内でも検討する余地のある買収戦略となります。

㈡ 新たな技術の獲得

　提供している製品・サービスの背景にある企業の**研究開発の強化**をねらったものです。特に、近年では製品ライフサイクルが短縮化する傾向にあり、また、たとえば電気自動車に用いられる電池をはじめ新しい技術の確保が将来の競争優位にも影響してくるため、研究開発を通じ、他社と差異化していくことがますます重要になってきています。

㈥ 規模の拡大

　同事業を行う同業他社とのM&Aを意味しています。同業他社同士の統合は、間接部門等各社で保有している同じ業務の共通化や重複する拠点の整理等を通じた固定費の削減、規模を生かした有利な条件での購買活動等の実現による原価の削減等、コストダウンを通じた収益性の向上が見込まれます。業界内でのシェア向上による、販売力や情報収集力の強化等の効果も期待できます。

2 新規事業の獲得とは

　文字どおり、**既存事業以外の分野に進出**するためのすべてのM&Aが対象となります。近年、国内市場が成熟化しつつあること、IT産業での技術革新が他産業にも波及しつつあることから、多くの企業が既存事業1本だけで安定的な成長を実現することがむずかしくなりつつあります。かかる状況下において、従来自前主義を志向する傾向が強かった日本の大手の事業会社も、新規事業の獲得を目的にベンチャー企業への投資を含め多くのM&Aを行っています。

Q7

早急にM&Aを実行したい。担当者としてどのように動けばよいか

A まずはM&A案件を発掘することが必要となります。案件の発掘方法としては、**1**攻めのM&Aと**2**受け身のM&Aがあり、それぞれ下記のアプローチがあります。

1 攻めのM&Aとは

(ア) 同業や取引先へのアプローチ

同業や取引先にM&Aを持ちかけることは非常にむずかしく、反感を買い、取引関係に悪影響を及ぼす可能性もあります。実現可能性が高いのは、①**ノンコア事業・子会社を保有**する企業、②**後継者不在**の企業、③事業収益が安定しておらず**資金ニーズの高い**企業です。

キーパーソンを見定め、慎重にアプローチしていく必要があります。また、M&Aアドバイザーを活用し、自社の名前は出さずにアプローチし、検討の可能性を確認したうえで、自社の名前を出すことも考えられます。このアプローチは、M&Aに積極的または経験豊富な企業で取り組まれることが多く、相手の顔がみえるため、ある程度、案件化の可能性が高いといえます。

(イ) ファンドへのアプローチ

同業や取引先と異なり、ファンドへM&Aを持ちかけることは、**通常の取引関係への影響がない**点が大きなメリットです。通常、ファンドは2～4年で投資企業の売却プロセスに入ります。webサイト等で気になる企業を保有しているファンドがあれば、売却を打診してみるのもひとつの手段です。直接ファンドへのコンタクトを避けたい場合、M&Aアドバイザーを活用し、

コンタクトをとることをお勧めします。なお、ファンドが入札案件での売却プロセスに入ると相対での交渉は困難なため、その点においてもコンタクトのタイミングは非常に重要です。

(ウ) リストを作成し候補先へアプローチ

ロングリスト（【Q13】で後述します）を作成し、アプローチしたい候補先を順位づけし、上から順番にコンタクトする方法です。この場合、自社で対応するには限界があり、非常に非効率なので、M&Aアドバイザーを活用すべきです。数多くの候補先にコンタクトしたい場合、**対象会社へのネットワーク**を有しているか、また、**キーパーソンへのコンタクト**が可能であるのかが重要になってきます。この点、金融機関、特に商業銀行が最も多くのネットワークを有しており、商業銀行のM&Aアドバイザー部門に相談することをお勧めします。

2 受け身のM&Aとは

(ア) 同業や取引先からの打診

「1(ア) 同業や取引先へのアプローチ」で述べた主体的にアプローチする方法とは異なり、同業や取引先から買手としてM&Aを打診されることがあります。買手としては、そのような売手からM&Aを打診される可能性を高めるべく、業界関係者等による日常の集まりやwebサイト等に掲載する中期経営計画の中で、**M&Aの意欲があることをアピール**しておくことが望ましいといえます。

(イ) M&Aアドバイザーからの打診

金融機関との日頃の取引やwebサイト等に掲載する中期経営計画等の中でM&Aに意欲があることをアピールしておくと、売り案件のM&Aアドバイザーから案件の紹介を受けることがあります。

「何でも買いたい、案件があればすぐに持ってきてほしい」と金融機関の担当者に依頼している企業がありますが、これではM&Aアドバイザーとしては本当に買収してもらえるのかわからないため、優先的に案件を打診してもらえません。そのため、ターゲットにしている**業種、ディールサイズ、支配権の割合、時期等を明確にして伝達**しておくことが、結果的に案件発掘を早めることになります。

Q8

取引銀行や証券会社に案件の持込みを依頼してもなかなか紹介がないが、なぜか

A さまざまな可能性がありますが、比較的よくあるのは下記の3ケースです。

1 ニーズがあいまい、またはうまく伝わっていないケース

【Q7】でも述べたように、どのような企業(事業)を買いたいのか、自社のニーズがあいまいな場合、あるいはニーズがうまく金融機関側の担当者に伝わっていない場合です。

まずは、自社の成長戦略と整合するM&Aの目的を明確にし、次に、それを正確に金融機関へ伝えることが重要です。

2 条件が厳しすぎるため対象となる会社がないケース

ニーズは明確であるものの、条件(売上、利益、所在地、従業員数等)が多すぎて、合致する企業がなかなか出てこない場合です。

昨今は事業承継に課題を抱えた企業がふえ、全体として案件数は増加していますが、条件をふやしていけば、必然的に対象となる企業は限られてきます。

自社の成長戦略をふまえて、**絶対に譲れない条件**とそうではない**条件を明確**にし、あらためて金融機関へ伝えることが必要です。

3 検討態勢に問題があり、金融機関から忌避されるケース

金融機関の立場からすると、検討の「お作法」が不適切な会社にはなるべく持込みをしたくないものです。下記に当てはまるケースは、早急な見直しが必要です。

(ア) 高圧的な上から目線

「買う側」と「買われる側」という立場から、交渉、資料提供依頼、スケジュール調整等の各実務プロセスにおいて、買手側から、高圧的な上から目線で臨まれるケースがあります。そのような態度で臨まれると案件進行に支障をきたすことが多いため、忌避されることが多いようです。

(イ) 意思決定が遅い

意思決定に必要な会議体が多い、会議体の開催頻度が少ない等の理由により、意思決定に時間がかかるケースです。特に入札案件の場合、このような企業は売手が想定するスケジュールに乗ることができず、買収のチャンスを逃しやすい傾向にあります。

(ウ) 意向が頻繁に変わる

担当者と合意していた事項や意向表明書の内容が、合理的な理由なく社長や幹部によって頻繁に覆る、あるいは変更されると、売却プロセスに大きな悪影響が出るため、忌避される傾向にあります。

(エ) 情報管理が甘い

社内の情報管理が脆弱で、意図的ではないにせよ情報が漏えいしてしまうようなケースです。そのような企業は、金融機関から信頼されなくなり、案件の紹介がされない可能性が高いです。

Q 9

ティーザー（ノンネームシート）を受け取った際の対応や確認すべきポイントは何か

A

1 ティーザー（ノンネームシート）とは

ティーザーとは、秘密保持契約を締結する前の段階において、売手が買手候補先を募集する際に使用する、売手や売却対象となる対象会社の概要を記載した簡易な書面のことです。ノンネームシートともいわれます。ティーザーには、**対象会社（および売手）**が特定されないように企業名を記載せず、本社所在地、業種、事業内容、従業員数、業績等を少しぼかして記載します（巻末の別紙1参照）。

また、ティーザーは、売手が雇ったM&Aアドバイザーが売手と相談しながら作成し、事前にピックアップした買手候補先（まずは5～15社程度）に配っていきます。その中で、関心を示した買手候補先とは別途秘密保持契約を結び、より詳細な情報を開示していくこととなります。

2 ティーザー受領時の対応と確認すべきポイントとは

上記のとおり、ティーザーは情報管理の観点から、売手や売却対象となる対象会社の特定ができないよう配慮して作成され、また、企業概要を理解するうえで最低限の情報しか記載されていないことが一般的です。そのため、買手の担当者はティーザーを受け取って、M&Aアドバイザーからの説明を聞くだけではなく、**M&Aアドバイザーから追加の情報を引き出す**ことが重要となります。たとえば、下記のポイントを最初に確認するのが望ましいと考えます。また、下記のポイント以外にも、M&Aアドバイザーとの面談後

に社内で検討していくうえで必要だと思われるものがあれば、積極的に確認し、早めに疑問点を解消していくことが重要です。

(ア) 売却の背景・理由
(イ) 対象会社の強みや弱み等事業の特徴
(ウ) 業績変化の理由
(エ) 希望する売却スキーム（株式譲渡、事業譲渡等）
(オ) 希望する売却価格
(カ) (エ)(オ)以外に売却にあたり前提としている条件（役員や従業員の処遇等）
(キ) 自社にティーザーを持ち込んだ理由
(ク) 自社以外はどのような企業先にティーザーを持ち込んでいるか
(ケ) 複数社による入札形式か、自社と売手との相対形式か
(コ) M&Aアドバイザーの役割（仲介か売手のアドバイザーか）
(サ) 今後のスケジュール（ティーザーに対する回答期限、次のステップに進む場合の追加資料の開示予定日等）

3 ティーザー受領後に検討すべきポイントとは

一般的に多くの日本企業が定期的にM&Aを実行しているわけではなく、また、M&Aの候補となりうる事業領域の選別および特定といったM&A計画を策定している企業も多くはないと思います。自社内での準備が不足している中で、ティーザーを受領した場合、つい興味が先行してしまい、自社にとって本当に価値があるのかの見極めが不十分なまま次のステップに進んでしまうことにもなりかねません。ある非上場企業の買収案件では、最終契約を締結する段階になって、買手の社内で本当に本件を実施する必要性および重要性が高いのか疑問の声があがり、意思決定に時間を要し、売手に不安感を与えてしまうという場面もありました。M&Aの実行プロセスは両企業の信頼関係が醸成され、将来的に同グループとなったときにシナジーを生めるか否かにも間接的に関わってきますので、**意思決定を行う前に、M&Aを実行する意味をしっかりと検討**することをお勧めします。

具体的な検討の方法としては、ティーザーおよびM&Aアドバイザーから聞いた内容を基に、自社の中期経営計画と照らし合わせながら検討することをお勧めします。たとえば、下記のポイントを確認します。

(ア)　自社の成長を実現するための施策の優先順位（M&Aが本当に自社の成長に最も適した手法なのか）

(イ)　自社の強みや弱み

(ウ)　自社の強みをより強化するためにどのような事業や技術等が必要なのか

(エ)　自社の弱みを補完するためにどのような事業や技術等が必要なのか

(オ)　対象会社の事業や技術が(ウ)や(エ)を直接的もしくは間接的に満たすものなのか

Q 10
同業他社や取引先から会社を買ってくれないかと相談を受けたが、何に注意すべきか

A

1 DDの必要性とは

　同業他社や取引先から、後継者不足で事業承継に困っている等の理由により会社を買ってほしいと提案があり、M&Aの検討がスタートするケースがあります。この場合、買収対象会社が見知った先であることから、相手方を信頼してあまり詳しい調査（DD）をせずに買収を進めてしまうことがありえます。M&Aに伴うリスクを考えると、買収対象会社が相当程度見知った先で、買収価格があまり高くない場合であっても、DDは実施すべきでしょう。買収価格があまり高くない場合は、DDに投じる時間、費用または相手方にかける事務負担が相対的に目立ってしまうのですが、**買収価格を超える損失を被ってしまうケースもあるので注意が必要です**。

　たとえば、買収対象会社から受領した財務諸表上は、純資産や損益がプラスであったものの、相当額の借入金がある一方で、有価証券や不動産は売却不可能なものばかりであり、実態としては債務超過、また、元本返済を含めたキャッシュフローはマイナスとなるケースがありました。このケースでは、買手は親会社として常に資金流出が続く対象会社の資金繰り対応に追われ、また、借入金のリファイナンス時には債務保証を入れる必要がありました。そのため結果的に相当額の借入金を引き継ぐことになってしまい、想定していた適正価格での買収ではなくなってしまいました。

　相手方が親密な取引先であることから表面的な財務情報のみで買収を判断してしまったのですが、**買収前に適切にDDをしておけば防げたケースです**。

なお、非常にシンプルな事業構造の相手方の場合、相手方との関係を優先して弁護士事務所や会計士事務所を起用したDDを省略するケースはありますが、その場合でも、M&Aアドバイザー等の各種専門家からのアドバイスを参考に、**財務分析**や**基本契約書の内容確認**等を実施しておくべきです。

　また、案件によっては、DDはしないものの、何か損害が発生すれば売主が賠償するケースがあります。しかしながら、これまでお世話になった相手に損害賠償請求を行うのはだれしも抵抗感のある判断ですし、そもそも売主に十分な資力がなく賠償に応じられない場合もあります。表明保証対応のみに頼るのは安全とはいえません。

2 その他留意事項とは

　その他、同業他社や取引先が相手方である場合には、下記のような点に留意し、または十分に確認しながら進めるべきです。親密で信頼のできる相手方であるからこそ、**なるべく外部専門家を起用**し、適切な検討を経たうえでM&Aを行うことをお勧めします。

(ア)　多数の取引先がいるなかで、なぜ自社に持ち込んだのか
(イ)　自社がM&Aを実行した場合に他の同業、取引先にどのような影響があるのか
(ウ)　自社が買収することによる役員、従業員への影響はあるのか
(エ)　検討段階において、本件に関与しているメンバーの整理はできているか
(オ)　検討の結果、本件を断念した場合、これまでの取引関係にどのような影響が出るのか

M&Aの検討を進めるには、どのようなメンバー、体制が必要か

A M&Aの検討を進める際のあるべき体制について、社内体制と社外体制に分けて説明します。

1 社内体制とは

　複数名（案件規模にもよりますが、コアメンバーは3～5名程度が多いです）でプロジェクトチームを組成することが一般的で、このプロジェクトチームは**最終的な意思決定者（社長等）と密にコミュニケーションがとれる（理想は意思決定者がチームに入る）**ことが必要です。買収側のM&Aの場合、ほかにも買手候補先がいる中で意思決定スピードが成否を分けることがあり、意思決定者との距離感は非常に重要です。

　また、メンバーは、事業部門のスタッフを主体とする場合と、企画管理部門のスタッフを主体とする場合があります。

(ア) 事業部門スタッフを主体とする場合

　メンバーが事業の内容に詳しいため、**買収後の事業運営をイメージしやすい**というメリットがあります。共同での営業活動や仕入の統合等、シナジーの検討も進めやすい場合が多いです。

　一方で、事業部メンバーは通常、本業を抱えているため機動的なアクションがとりづらいことや、財務・法務といった経営管理面に明るくない場合が多いので、その点は留意が必要です。

(イ) 企画管理部門スタッフを主体とする場合

　事業部門スタッフ主体の場合とは逆に、**財務・法務といった経営管理面の検討が進めやすいこと、社内調整に長けていること、機動的に動けること**等

がメリットです。一方で事業の内容についてあまり把握できておらず、買収後の具体的な事業運営イメージが描きづらい場合があること等がデメリットです。

いずれもメリット・デメリットがあるため、なるべく両部門の混成チームを組成することが望ましいです。

2 社外体制とは

M&Aに関連する社外メンバーとしては、**M&Aアドバイザー、弁護士事務所、会計士事務所**等があります（M&Aアドバイザーの種類と特徴については【Q3】をご参照ください）。

弁護士・会計士はDDを実施してもらうため、また、弁護士についてはその後の最終契約（株式譲渡契約書等）の交渉サポートのため起用します。医者等と同様、弁護士・会計士も分野によって得意不得意がありますので、M&A実績が多い事務所を選ぶことが重要です。さらにその中で業界知見をもった専門家がいれば、より望ましいです。M&Aアドバイザーや仲介会社がいる場合は彼らに紹介してもらうことも可能です。定評のある事務所は多忙なことが多く、なるべく早い段階から打診しておくことをお勧めします。

Q.12

M&A候補先リストを作成して検討を進めていく場合、どのようなステップで候補先を選定すればよいか

A 標準的なプロセスとしては、❶経営戦略・事業戦略の策定、❷母集団の抽出、❸ロングリストの作成、❹ショートリストの作成という4ステップを踏み、候補先を選定していきます。下記ではステップごとに説明します。

❶ 経営戦略・事業戦略の策定とは

　M&Aを検討する前に、そもそも自社が将来的に成長していくために、何をすべきなのかを検討する必要があります。近年では、M&Aが一般的になってきたこともあり、M&Aを実施することが目的化している企業も存在しますが、M&Aはあくまで自社の将来像を実現するための手段であり、経営戦略や事業戦略の一方策にすぎません。そのため、まずは自社の目指すべき将来像およびその実現に向けての経営戦略・事業戦略を策定し、それに対し、**既存の自社の経営資源を活用した内部成長（オーガニックグロース）がむずかしい場合に、M&Aを活用した外部成長（ノンオーガニックグロース）を検討していくという流れ**をとるべきです。そして、これらの検討を通じて、何を目的に、何の事業領域や機能を、おおよそいくらで買収すべきなのかまで落とし込んでいく必要があります。

❷ 母集団の抽出とは

　前のステップにおいてM&Aの目的等が明確になった後、潜在的な候補先企業の母集団を作成します。もちろん、世の中の企業情報をすべて網羅することはむずかしいですが、主観的な情報に基づいて抽出した場合、企業数が限定的になること、魅力的な企業がもれてしまう可能性があることから、い

図表Ⅰ－4　ロングリストのひな型

区分				評価				事業魅力度					
業種	地域	No.	社名	総合順位	事業魅力度	財務適合度	実行可能性	主要事業内容、取扱商材	特色	従業員数（人）	立地（本社所在地）	主要販売先	主要仕入先	拠点数（拠点）
A業	東北地方	1.												
		2.												
	関東地方	3.												
		4.												
	中部地方	5.												
		6.												
	近畿地方	7.												
		8.												
B業	東北地方	9.												
		10.												
	関東地方	11.												
		12.												
	中部地方	13.												
		14.												
	近畿地方	15.												
		16.												

（注）　上場会社の場合は時価総額

きなりロングリストの作成に入らず、このステップで**網羅的に企業を調査**することが有益です。

　母集団は、M&Aを実行したい企業の属する業界や業種から選定し、インターネット検索、業界新聞や雑誌、業界団体の会員名簿、官報、信用調査機関のレポート、証券会社のアナリストレポート等を活用して企業情報を収集します。なお、この段階では、幅広く候補企業をあげるという観点から、事業面や財務面での魅力度に応じ選定する必要はありません。

3　ロングリストの作成とは

　母集団からロングリストへの絞り込みは下記の流れで行います。

財務適合度					実行可能性			その他基礎情報			
売上高（百万円）			純利益（百万円）		純資産（注）（百万円）	資本金（百万円）	設立年	株主構成	取引銀行	代表者	所在地 郵便番号　住所	電話番号	HPのURL
FY-2　FY-1　FY0			FY-2　FY-1　FY0										

_____
_____
_____
_____
_____
_____
_____
_____
_____
_____
_____
_____

(ア) 初期抽出基準の設定およびそれに基づく選定

　多くの場合、初期抽出基準は、**財務情報**や**従業員数**等の定量情報に加え、**本社所在地**等の展開エリアに基づき設定することが考えられます。財務情報としては、**売上**や**当期純利益**等があげられます。なお、抽出された企業数があまりに多い場合や少ない場合は、初期抽出基準の水準を変更し、再選定することが必要です。また、財務情報は開示されている情報が限定的ではあるものの、各社のwebサイト、官報（決算公告が掲載されている企業もあります）、信用調査機関や証券会社のアナリストレポート等を参照することが有益です。ただし、これらの財務情報は有料の場合もあるためご留意ください。

(イ) 定量・定性情報の追加調査

このステップでは、各社のwebサイトの調査や、製品や商品等を販売している企業であれば通信販売サイトや店頭での調査を通じ、候補先の**事業面**、**資本面**等の情報を追加調査していきます。

事業面の調査項目としては、候補先の特徴（強みや弱み）や主要製品・商品、またはバリューチェーンにおいて占めている機能があげられ、資本面としては株主構成等が考えられます。そのほかにも設立年や取引銀行、上場企業・非上場企業の別等を勘案することが有益です。

このステップで興味の薄い企業を外すことにより、**大体50〜100社程度の企業のリスト**ができることが多いです。

(ウ) 優先順位設定のための基準設定・順位づけ

ロングリストの作成後、実際にどの候補先から声をかけていくかを決めていくために、(イ)で抽出した企業に順位を付していく必要があります。やみくもに声をかけた場合、業界内で悪評が立つ場合もありますし、目先の興味が先行しM&Aの目的がぶれてしまうこともありますので、自社の経営戦略・事業戦略と照らし、しっかりと検討していく必要があります。

具体的には、シナジーがどの程度見込めるかという「**事業魅力度**」、企業の規模感や安定性等が自社の希望に沿っているかという「**財務適合度**」、株主が保有株式を売却してくれる可能性があるかを検討する「**実行可能性**」の3つの観点から検討し、希望度の高い順に順位を付していくことをお勧めします。

4 ショートリストの作成とは

本ステップは、ロングリストで抽出した企業のうち、優先順位の高い企業につき、追加で調査していくステップです。ただし、ロングリスト以上の情報が取得できない可能性もありますので、その点にはご留意ください。主な

追加調査のポイントとしては、過去の業績変動の背景や貸借対照表の状況、役員の経歴や年齢、後継者が社内にいそうか否か、株主の状況等があげられます。

　そして、上記4ステップの後、タッピング、つまり検討段階において買収を検討している企業が、候補先に対し、実行余地があるか否か（興味がどの程度あるか）を図るために行う初期的な打診行為を行っていくこととなります。実際には、タッピング段階で断られることも多く、ロングリストやショートリストの作成時には、**一定程度断られることを前提に企業数を選定**していく必要があります。

Q.13

ロングリストやショートリストを作成する際は、どのような調査方法を用いるべきか。またどのような方法で優先順位をつけるべきか

A

1 調査方法とは

ロングリストやショートリストともに、主な情報源は下記の6つがあげられます。
・企業webサイト
・官報
・各種信用調査機関の調査データ
・証券会社のアナリストレポート
・業界団体webサイト
・各種記事検索

ただし、業界によっても異なりますが、企業によってはほとんど情報が取得できない場合もあります。そうした場合、リサーチ会社等に依頼して個別に調査をするケースもなくはないのですが、相応の費用がかかることを考えると、限定的な情報であってもアプローチをしてしまったほうが早い場合もあります。アプローチ後でも、理由を真摯に説明すれば買収検討を中止することは可能です。

2 優先順位づけにあたっての検討軸とは

さまざまな考え方がありますが、(ア)事業魅力度、(イ)財務適合度、(ウ)実行可能性の3つの軸を使うと整理しやすくなります。

(ア) 事業魅力度

　事業構成比、主要取引先、事業上の強みや弱み、保有許認可、バリューチェーン上の位置づけ等により、自社の成長戦略に合致しているかどうかを判断します。ここが外れていればそもそも買収をする意義がないので、最も重要な判断軸です。

(イ) 財務適合度

　純資産・自己資本比率・借入残高等の貸借対照表項目や、売上高・営業利益・当期純利益等の損益計算書項目を分析し、買収した場合の自社への財務的な影響を判断します。

　当然ながら各指標が良好であるほど対象会社は財務的に健全であるといえ、必然的に買収価格も高くなる傾向にあります。買収のために借入れを行う場合は、買収によって得られるものと買収のために投じるものとを把握し、自社がどの程度の財務リスクを負うのかをシミュレーションしておくことが重要です。

　なお、各種財務指標が特に悪い場合は、他者による支援を必要としていると考えられる場合もあり、そのようなケースでは実行可能性が比較的高くなります。

(ウ) 実行可能性

　実行可能性は、①打診できるかどうか、②打診したうえで検討に応じてくれるかどうかの2つの視点があります。

① 打診できるかどうか

　事業的または個人的なつながりがあるか、M&Aアドバイザーや金融機関等を通じて話ができるかどうか、がポイントとなります。どちらもない場合はコールドコール（面識のない企業への電話等による直接打診をいいます。【Q14】をご参照ください）をすることになりますが、営業電話と間違われて即

時に断られる、話はできたもののキーパーソンに伝わらない等、成功率はかなり低いです。

② 打診したうえで検討に応じてくれるかどうか

「2(イ) 財務適合度」の財務指標のほか、株主構成、代表者の年齢、後継者の有無等がポイントになります。ケースバイケースではありますが、一般的に、株主が個人で高齢の場合や、後継者と推定できる人物が社内にいない場合等は実行可能性が高いと考えられます。

Q14

候補先にアプローチする際、だれからどのように説明を行えば効果的か、留意点は何か

A

1 アプローチの類型とは

実務上よく用いられる方法は下記の3つです。なお、(ウ)のコールドコールとは、面識のない企業に直接電話、メールや手紙を出してアポイントをとることを意味しています。

(ア) 金融機関やM&A仲介会社等に依頼
(イ) 知り合いからの紹介
(ウ) コールドコール

2 アプローチの選定とは

各アプローチにはそれぞれメリット・デメリットがあるため、常に特定のアプローチが最適とは限りません。自社のリソースやネットワーク等の置かれている状況を考慮し、より適したアプローチを行うことが重要です。

たとえば、「1(ア) 金融機関やM&A仲介会社等に依頼」するアプローチは、少なくともすでに候補先と取引のある企業が間に入るため、**警戒心をもたれずにアポイントをとることが可能**です。なお、通常買手の企業紹介や買収意図等については、依頼を受けた金融機関やM&A仲介会社等が候補先に説明することとなるため、買手は紹介内容や買収意図の摺合せはするものの、候補先に対しては間接的なアプローチとなります。また、特に金融機関は支店を通じて多くの企業と取引しており、多くの企業にアプローチできることが特徴です（もちろん候補先と取引がない場合もあります）。一方で、着手

I M&Aの実施に向けた準備　41

金として費用が発生する場合があることがデメリットとしてあげられます。そのため、多少費用がかかっても問題なく、堅実に複数の候補先にアプローチしたい場合に適しているといえます。

次に、「**1**(イ) 知り合いからの紹介」は、買手および売手ともに、最も安心感のある方法です。特に、昔から取引のある企業同士であれば、お互いの会社の状況や風土等をよく知っており、**M&A後の統合もスムーズに進む可能性が高い**といえるでしょう。その一方で、個人のつながりに基づくため、アプローチできる企業数がどうしても限定的になってしまう欠点もあります。また、知り合いからの紹介はアプローチ段階では確度の高い方法ですが、実際にM&Aの実行段階に入ったときに、価格交渉等が心情的にむずかしくなる場合があります。価格交渉をはじめM&Aの実行段階では「情」ではなく「理」で動く必要性が高い場面も多々あります。お互いが知人だからこそ、情に流されてしまう危険が付きまとうともいえるでしょう。

最後に、「**1**(ウ) コールドコール」は、会社のwebサイト等があり、電話番号やメールアドレスがわかる企業であれば、アプローチする企業数が限定されないため、**多数の候補先にアプローチできる**という利点があります。ただし、そもそも相手に売却意思がないことが多いため、非効率となる場合が多く、アポイントをとれる確度が低い点にはご留意ください。また、あまりに多くの企業にアプローチした場合、業界内で評判が立ち潜在的な候補先にも警戒される可能性があるため、注意が必要です。

3 アプローチを他者に任せる場合の留意点

「**2** アプローチの選定とは」において、各アプローチ手法の特色を説明してきましたが、他者にアプローチを任せる場合には、下記の点にご留意ください。

たとえば、「**1**(ア) 金融機関やM&A仲介会社等に依頼」した場合、アプローチに関わる業務を任せきりにしてしまう場合がありますが、自社の経営戦略・事業戦略、そして買収意図を真に理解しているのは自社だけであり、

金融機関やM&A仲介会社等が候補先にうまく興味をもってもらえる説明ができるよう、能動的に動くことが重要です。

　たとえば、筆者が担当した案件では、買手自身の戦略だけでなく、買手が候補先のwebサイトや各種情報媒体等に基づき、候補先にどのようなメリットがあるのかまで検討した内容をM&Aアドバイザーに伝えたことで、よりいっそう候補先が納得できる提案となりました。もちろん、このような努力をしたうえでも、M&Aの実行段階に移行できる確率は高くありませんが、少なくともその確率を上げる要因にはなります。

4 売手サイドにおける準備

Q 15

売却プロセスにおいて外部のM&Aアドバイザーの起用は必要か。どのような基準で選定するのか

A

1 M&Aアドバイザー起用の必要性とは

売却プロセスにおけるM&Aアドバイザーの主な機能は下記のとおりです。

(ア) 関係者間調整（売手と買手、売手サイド内等）
(イ) 売却プロセスの設計と進捗管理
(ウ) 売却候補先の選定と打診
(エ) 売却交渉のサポート
(オ) 売却価格やDD、契約書交渉における専門的なアドバイス

　ほとんどの企業オーナーにとって、（売手としての）**M&Aは初めての経験で専門的な知見がないことが多く、また、特にオーナーが社長を兼任している場合は売却プロセスに多大な時間を費やすことが困難**であるため、よほどの自信と時間の余裕がない限り、M&Aアドバイザーの起用をお勧めします。

　ただし、個別に不要な機能（買手候補先がすでに決まっていて(ウ)が不要、親密な相手であり(エ)が不要等）がある場合は、それに応じたM&Aアドバイザーを選ぶ、機能減に応じてアドバイザリー報酬を減額してもらう等は考えられます（M&Aアドバイザーの種類と特徴については、【Q 3】をご参照ください）。

2 判断基準とは

　前述の【Q3】のとおり、M&Aアドバイザーにはいくつかの種類があり、それぞれによって強みや弱みがあります。

　たとえば、「**1**(ウ)　売却候補先の選定と打診」では、一般的に中小企業においては、幅広いネットワークを有する大手の商業銀行に分があり、「**1**(エ)　売却交渉のサポート」の代理能力や「**1**(オ)　売却価格やDD、契約書交渉における専門的なアドバイス」の専門性は、外資系投資銀行や大手証券会社が秀でています。そのほか、M&A仲介会社は（契約形態にもよりますが）そもそも売手だけの利益を最大化するM&Aアドバイザーではないということを理解しておく必要があります。

　また、**費用（アドバイザリー報酬）**についてもさまざまなパターンがあります。着手金・中間報酬・月額報酬（仮に売却できなくても戻ってこないことが一般的です）の有無、成功報酬は固定か売却対価に連動か等、M&Aアドバイザーによって異なりますので、しっかりと確認することをお勧めします。近頃は完全成功報酬を謳うM&Aアドバイザーもふえていますが、そのような場合、売手の事情を十分に考慮せず案件成約を優先するインセンティブがM&Aアドバイザー側に発生してしまうので（無論、そうでない誠実なM&Aアドバイザーも数多くいますが）、着手金等を支払ってでも親身に相談できるM&Aアドバイザーを確保することも一案です。

　さらに、当然のことですが、実際にプロセスを担当するチーム（特にチームリーダー）との相性やフィーリングが重要であることをあげておきます。時にさまざまな困難も伴う売却のプロセスをともに歩むパートナーとなりますので、契約前には必ず担当者や担当チームとしっかりとコミュニケーションをとり、**信頼のおける人物であることを確認**しておくことが重要です。

Q16 売却を検討する際に、最低限準備をすべきことは何か

A 　会社の売却活動を独力で行うのは非常にむずかしいため、基本的には金融機関やM&A仲介会社等のM&Aアドバイザーに依頼し、彼らのアドバイスに従って進めていくことになります。ただし、その場合であっても、すべてを専門家任せにしてはいけません。売却活動をスムーズに進め、よりよい条件を引き出すためには、事前に**1**自社の再認識と適切な買手候補先のリストアップ、**2**事業計画（収支計画）の策定、**3**内部管理体制の整備を準備しておくことが必要です。

1　自社の再認識と適切な買手候補先のリストアップとは

　売却活動がスタートすると、最初に買手候補先についてM&Aアドバイザーと協議します。候補先リストは通常はM&Aアドバイザーがつくりますが、あらかじめ、売手として(ア)**自社の業界内でのポジショニング、強みや弱み**、(イ)**今後の展望やビジョン**等を再確認し、買収を積極的に検討してくれそうな候補先（大きなシナジーが想定できる企業等）のイメージをM&Aアドバイザーに伝えておくことが重要です。

　リストを作成する各種専門家はM&Aのプロではありますが、やはり自社をいちばんに知っているのは売手（オーナー社長）です。お互いに協力し、できるだけ最適なリストを作成することがプロセスを順調に進めるポイントです。

2　事業計画（収支計画）の策定とは

　買手候補先が株式価値（買収金額）を検討するうえで考慮するのが対象会社の**将来収益力**であり、将来収益力を判断するうえで基本になるのが事業計画（収支計画）です。策定しておくと、買手での株式価値評価が効率的に進

められ、結果としてよい価格提示につながる場合があります。事業計画がない場合、買手は独自に対象会社の収益力を想定することになり、事業計画がある場合と比較するとどうしても保守的な数値になりがちです。

ただし、事業計画はとにかくつくればよいというものではなく、これまでの過去実績と比較して現実的であり、**買手にこの事業計画は実行可能だと理解してもらえるような根拠に基づいて作成**する必要があります。

3 内部管理体制の整備とは

案件の検討が進みDDに入ると、買手候補先は弁護士や会計士等に依頼し、対象会社の内部管理体制の状況について調査をします。問題点を指摘されれば、買収金額の減額や、買収の検討中止につながることもありますので、上場企業・大企業並みに完璧である必要はないものの、**なるべく事前に顧問弁護士、税理士、社会保険労務士等に相談し、是正措置をとっておくべき**です。「中小企業だからできていなくて当然だ」という考え方は、特に買手がコンプライアンスを重視する上場企業の場合等において、残念ながら通らない場合もあります。

中小企業のM&ADDにおいてよく論点になる項目は、下記のようなものがあります。

(ア) 株式や株券を適法に保有しているか……設立から現在に至る譲渡手続が適法に行われているか、譲渡承認は行われているか等
(イ) 労務管理は適切に行われているか……残業代は適切に支払っているか、労働時間は適切に管理されているか等
(ウ) 会計処理や税務申告は適切に行われているか……（上場企業ほどの厳密さは一般的には求められないものの）主要な売上高や原価についての計上基準、売上債権、棚卸資産、仕入債務に関する管理や評価の方法、各種引当金の計上等

一般的に、事業面ではおおむねよい評価であったにも関わらず、上記が要因（「ディールブレイカー」ともいいます）で破談になってしまったケースは

一定の割合で存在します。当然ながら事前に治癒する、また治癒ができない場合は売却プロセスの前段階で買手に開示する等の対応が必要ですが、さまざまな事情により、うまくいくケースばかりではありません。少しでも内部管理体制に不安を感じる部分があれば、売却活動を進める前に専門家等に相談することをお勧めします。

Q 17

開示資料はインフォメーションパッケージとインフォメーションメモランダムのどちらを採用すべきか

A

1 インフォメーションパッケージとは

　売手または売却を予定している対象会社の情報に関する資料をいくつかまとめてファイリングしたものであり、通常、買手候補先から秘密保持契約を受領した後、売手から今後のプロセスやスケジュール等が記載されたプロセスレターとともに配布されるものです。インフォメーションパッケージは、買手候補先が売手または対象会社への理解を深め、次のステップに進むか否かの検討を行ううえでの**初期的な基礎資料**となるものです。下記の資料は一例であり、対象会社の業種等により、必要な資料は変わってきます。

　㈎　**基本資料**

① 商業登記簿謄本
② 定款
③ 組織図
④ 株主名簿
⑤ 対象会社のパンフレット
⑥ 役員・従業員のリスト等

　㈏　**財務および税務関係資料**

① 決算報告書・付属明細書
② 事業報告書

I　M&Aの実施に向けた準備　49

③ 税務申告書
④ 固定資産台帳
⑤ 固定資産税課税明細書等
⑥ 給与台帳

(ウ) **計画関連資料**

① 事業計画（損益計算書・貸借対照表・設備投資計画・減価償却計画等）
② 人員計画等

(エ) **その他資料**

① 不動産登記簿謄本
② 各種社内規定（就業規則、賃金規定、退職金規定、役員退職慰労金規定等）

2 インフォメーションメモランダムとは

売手のM&Aアドバイザー等が対象会社の情報をまとめ、作成した対象会社の紹介資料のことです。インフォメーションメモランダムには、下記の項目やその他対象会社の実態把握に資する情報が記載されています。インフォメーションメモランダムは**買手候補先に対して売手または対象会社の魅力をアピールするひとつの手段**となるので、作成をM&Aアドバイザー等のみに任せるのではなく、売手または対象会社として伝えたいことをM&Aアドバイザー等に相談し、より魅力のある資料を作成していくことをお勧めします。

(ア) **取引概要**

① 取引の背景（売却の背景等）
② 取引の前提条件（スキーム、役職員の処遇等）
③ 取引の想定スケジュール等
④ 本件検討のポイント（対象会社のアピールポイント）

(イ) 会社概要

① 代表者
② 所在地、拠点、営業所等
③ 役職員の状況
④ 株主の状況
⑤ 組織図等

(ウ) 事業概要

① 事業内容・商流
② 事業の強みや弱み等
③ 主な取引先

(エ) 財務内容

① 貸借対照表・損益計算書・各種明細等

(オ) 事業計画

① 事業計画数値・数値設定根拠等

3 両開示手法の比較・選定とは

どちらの開示手法が常によいというわけではなく、それぞれのメリットやデメリット、案件特性をふまえ、よりよい手法を選択することが重要です。

図表Ⅰ-5　両開示手法のメリットやデメリット

開示手法	メリット	デメリット	売手にとって採用が望ましい場合
インフォメーションパッケージ（IP）	・売手 ✓作成が簡便 ・買手 ✓客観的な情報の集合であり、恣意性がない	・売手 ✓特になし ・買手 ✓客観的な情報の背景にある理由（業績の変動理由等）を売手への質問等を通じ、一から分析する必要がある	・事業内容や財務内容がわかりやすい場合 ✓事業内容がイメージしやすい、過去の業績に大きな変動がない等 ・買手候補がすべて同業他社の場合 ・プロセスを迅速に進めたい場合
インフォメーションメモランダム（IM）	・売手 ✓事業の強みや今後の事業計画の情報を通じ、買手へのアピール材料となりうる ・買手 ✓重要かつ必要性の高い情報がまとめられており、一覧性がある ✓客観的な情報に加え、対象会社の強み・弱みや業績変動の理由等が補記されており、対象会社へのより深い理解が可能	・売手 ✓作成に時間と手間を要する ・買手 ✓客観的な数値と主観的な情報を切り分け、対象会社の分析をする必要がある——たとえば、将来の事業計画については、楽観的なシナリオに基づき設定されている可能性があるため、算出の前提条件や実現可能性の精査が必要	・事業内容が複雑、イメージが困難な場合 ・複数事業を運営する会社の１事業のみを売却する場合 ✓IPでは、必要な資料の開示が困難、または不足する場合が多いため、IMで開示することが望ましい ・非経常的要因により、過去の業績（財務内容）が大きく変動している場合 ・事業内容や将来の事業計画で検討している施策が、買手候補の事業内容とシナジーを大きく見込めると考えられる場合 ・買手候補がすべて異業種の場合 ・売却希望時期まで時間的な余裕がある場合

M&Aの実行

1　秘密保持契約

Q.18

秘密保持契約には差入式と双務式があるが、その違いや、とりわけ重要な条項は何か

A

1　秘密保持契約の意義とは

　M&Aプロセスにおいて、案件の各段階を通じて、買手は売手および対象会社からさまざまな秘密情報を入手することになります。秘密情報が情報提供者の意図しないかたちで使用される、または外部にもれた場合、**案件そのものが消滅**してしまうだけでなく、**通常の事業運営に影響を及ぼす**こともあります。当該状況を回避することおよび発生した場合の責任関係を明確にするために必要となるのが秘密保持契約（CAあるいはNDA）です。

　秘密保持契約には、M&Aの検討に関わる秘密情報について、相手方の事前の同意なく第三者に開示しないことや、M&Aの目的以外で使用しない等の取決めが記載されています。

2　差入式と双務式の違いとは

　秘密保持契約は、大きく差入式（巻末の別紙2参照）と双務式（巻末の別紙3参照）の2つに大別されます。両者の違いは、**契約当事者に売手が含まれるか否か**という点です。

　すなわち、差入式の場合は、買手のみが秘密保持契約に署名または記名押印し、売手に差入れ、売手にて保管することになります。

一方で、双務式の場合は、買手と売手の双方が秘密保持契約に署名または記名押印し、双方でそれぞれ一部ずつ保管することになります。

なお、情報開示の主体は売手（対象会社）であることから、情報の受け手である買手の署名または記名押印は、差入式または双務式を問わず必須となります。

両者を比較した際のポイントですが、差入式は、売手の署名または記名押印が不要になり買手の署名または押印で足りるので、**双務式と比較して効率的にM&Aを進めることが可能**となります。そのため、複数の会社を売却候補先とするような入札案件の場合は差入式で行う場合が多くなります。

双務式は、**買手が売手に対しても秘密保持を求める**ような場合、たとえば買手がM&Aを検討していること自体を外部にもらされたくない場合や、M&Aに際して買手も秘密情報を開示する場合は、双務式で行うことが多くなります。

3 重要と考えられる条項とは

秘密保持契約において重要と考えられる条項は、秘密情報の範囲、情報開示の範囲、秘密情報の例外、秘密情報の返還、有効期間等があげられます。

(ア) 秘密情報の範囲

秘密情報の範囲とは、**どの情報までを秘密情報とするか**ということです。

秘密情報に該当するのは、案件に関連して開示された情報すべてなのか、情報のうち重要なものに限定するのか、書面で開示した情報のみなのか、口頭やメールは含むのか、情報を複写・複製・編集・加工・改編して得られた情報を含むのか、開示された情報だけでなく、案件に関する検討や交渉が行われていること自体も含むのか等を規定します。

売手としては、秘密情報の範囲を最大限広げることで、自社の情報の漏えいを防ぐことができます。一方で買手としては、過度な負担を負わないよう秘密情報の範囲を狭めることを求めます。なお、秘密保持契約が締結されな

いと、そもそも案件が進まないため、買手として実質的に大きな影響がない場合は、売手の要望をある程度許容するほうが無難です。

(イ) 情報開示の範囲

情報開示の範囲とは、**秘密情報を開示する対象者の範囲をどこまで広げるか**ということです。

買手の会社（役員または職員を含みます）のみなのか、買手が属するグループ会社も含めるか、M&Aに携わる外部専門家（会計士・税理士・弁護士・M&Aアドバイザー等）を含めるか等です。

一般的には、外部専門家を情報開示の範囲に含める場合が多く、秘密保持契約の契約主体はあくまでも買手であり、買手がすでに秘密保持契約を締結しているまたは締結を予定している場合、外部専門家が直接売手と秘密保持契約を結ぶことはありません。

そのため、外部専門家を情報開示の範囲に含める場合は、外部専門家にも秘密保持契約において遵守すべき義務と同等の義務を負わせたうえで、外部専門家の義務違反に対しては、買手が責任を負う条項を規定することが必要となります。

(ウ) 秘密情報の例外

秘密情報の例外とは、すでに知っている情報まで秘密情報に含まれてしまうと、当該情報の使用にまでさまざまな制約が付されてしまい、通常の事業活動に影響を及ぼすことがあるため、このような情報を秘密情報の範囲外として取り扱うものです。

具体的には、秘密情報開示以前にすでに知っていた情報、開示後に契約違反なく公知となった情報や、適法な手段で第三者から取得した情報は、秘密保持契約において、秘密情報とは含めないこととするのが一般的です。

(エ) **秘密情報の返還**

　案件の検討が終了した場合、秘密情報に関しては、相手方に破棄または返還してもらう必要がありますので、契約書に破棄や返還についての取決めを記載します。

　ただし、多くの案件の場合、秘密情報につき電子データで情報を提供しているため、破棄や返還について、現物での確認が困難な場合があります。

　実務上は、**買手から押印つきの秘密情報の返還または破棄に関する証明書等を入手**することで、秘密情報の破棄または返還が行われたとみなす場合が一般的です。

(オ) **有効期間**

　秘密保持契約の有効期間は長ければ長いほど、秘密保持契約に拘束される期間が長くなるため、情報提供側に有利になり、短ければ短いほど情報受領側に有利になります。

Q19

下記のような場合、秘密保持契約についての取扱いはどのようにすればよいか
1．別途通常取引において、秘密保持契約を締結している場合
2．案件に関与する役職員との秘密保持契約

A

1 別途通常取引において秘密保持契約を締結している場合とは

　通常の営業取引において、秘密保持契約を締結している場合でも、M&Aにおいて別途秘密保持契約を締結することは必須です。

　これは、通常の営業取引において締結している秘密保持契約は、M&Aにかかる秘密保持に対応していない場合が多いためです。

　前述の【Q18】のとおり、秘密保持契約書においては、秘密情報の範囲を定義する条項が存在します。秘密情報の範囲は、秘密保持契約書により異なりますが、通常営業取引において締結している秘密保持契約書の場合、通常の営業取引において発生した秘密情報に限られることが一般的です。M&Aの検討に際して入手した情報や、M&Aを検討していること自体は、通常取引にかかる秘密保持契約書において秘密情報に含まれない場合が多く、情報が保護されません。そのため、M&Aに関連する秘密情報がもれ、その結果損害が生じたとしても、賠償の対象とはならないため、別途あらためて秘密保持契約を締結する必要があります。

　また、同一の相手先と別のM&Aの取引を行う場合、別の案件で秘密保持契約を結んでいる場合であっても、あくまでその別の案件に関する秘密情報に限定されていることが通常ですので、別途本件にかかる秘密保持契約を締結する必要があります。

2 案件に関与する役職員との秘密保持契約とは

　通常、秘密保持契約は、売手と買手の間で契約を締結するか、または買手から差入れるものですが、**情報漏えいを防ぐための実効性をもたせたいという観点で、案件に関与する役職員からも秘密保持の差入れを求める場合**があります（巻末の別紙4参照）。

　買手の役職員については、別途秘密保持契約を差入れることは不要であると考えられます。前述の【Q18】の「3(イ)　情報開示の範囲」のとおり、買手の場合は、秘密保持契約書の情報開示の範囲において、契約当事者に役職員は通常含まれることになります。そのため、個別に秘密保持契約を差入れずとも、買手の役職員は当然に秘密保持の義務が課されます。

　一方、売手または対象会社側の役職員については、秘密保持契約が買手のみの差入式の場合や、売手が個人の場合等は秘密保持義務の対象外となります。

　このような場合、役職員から秘密保持契約を差入れることも考えられますが、実務上は、案件の特性に応じて売手または対象会社側の役職員に対し、口頭で秘密情報の取扱いについて注意喚起する程度にとどまることが筆者の経験上多いといえます。

2 プロセス

Q20

秘密保持契約以外に、情報の管理においてどのような点に注意する必要があるか

A

1 情報の管理の重要性とは

情報の管理は、M&Aプロセスのすべての段階において非常に重要です。情報が流出した場合、**企業の活動に重要な影響を及ぼす可能性**があります。

たとえば、取引先のライバル会社が自社を買収するという情報がほかの取引先に流出すれば、ほかの取引先から契約条件の変更や、最悪の場合、取引を中止されることがあります。

また、ファンドが自社を買収するという情報が従業員に流出した場合は、リストラや減給等の不利益を被るのではないかと不安になった従業員が退職するおそれがあります。

特に上場企業の場合（相手方が上場企業の場合も含みます）には、情報管理はインサイダー取引を防ぐ観点からも非常に重要です。

2 秘密保持契約の限界とは

秘密保持契約はあくまでも、秘密情報が流出した場合の責任の所在を明確にするものであり、秘密保持契約を締結しても、常に秘密情報が流出するリスクは存在します。

3 情報管理において注意すべきポイントとは

　情報管理において注意すべきポイントとして、(ア)不用意に情報を開示しないこと、(イ)情報を開示されていない者に怪しまれる行動をしないこと、(ウ)関係者だけが認識しているプロジェクト名等を使用することがあげられます。

(ア)　不用意に情報を開示しない

　情報管理の基本として、情報に触れる人が少ないほど、情報が流出する可能性は低くなります。そのため、M&Aの際は、**情報を開示する対象者は必要最低限に絞る必要があります。**

　また、情報を開示された対象者は、その取扱いに十分注意する必要があります。具体的には社内外を問わず、メンバー以外が話を聞く可能性のある場所では話をしないことが重要です。社内であればトイレや喫煙所、社外であれば宴席や電車内等、特に注意が必要です。

(イ)　情報を開示されていない者に怪しまれる行動をしない

　特に社内においては、M&Aについて情報を開示された従業員と情報を開示されていない従業員が混在しているため、情報を開示されていない従業員に怪しまれないように行動することが重要です。

　M&Aに関する打合せは社内の個室で行う、M&Aに関する電話は会社ではなく個人直通の携帯電話にかけてもらう、M&Aに関する資料は机上に放置しない等があげられます。個々の行動は常に気をつける必要があります。

(ウ)　関係者だけが認識しているプロジェクト名等を使用する

　M&A案件においては、通常、案件専用のプロジェクト名・パスワード・関係者名のコードネーム（たとえば、「A社→apple」等）が使用されることが多いです。情報を開示されていない社員からは推測困難であり、関係者には使用しやすいものを設定する必要があります。

Q21

相対方式と入札方式の場合の異なる点、それぞれにおいて注意すべきポイントは何か

A

1 相対方式と入札方式とは

売手と特定の1社の買手候補先との間で売買交渉を行う方法を相対方式といいます。

買手候補先が複数社存在する場合であっても、最も優先する1社とのみ交渉を行う場合も相対方式に含まれます。

一方で、買手候補先を複数選定したうえで、それぞれの候補先に打診し、候補先の中から最もよい条件を提示した会社と取引を行う方法を入札方式といいます。オークションともいわれます。

2 相対方式において注意すべきポイントとは

相対方式は、入札方式と比較した場合に、情報流出のリスクを低く抑えることができる点や取引が短期間で完了する点がメリットとしてあげられます。

一方で、**売却交渉が決裂した場合は、別の買手候補先と最初から交渉し直す必要があります。**この場合、入札方式よりも取引に時間がかかります。また、買手候補先が1社のため、複数の買手候補先を競争環境に置くことによる交渉上の優位性の確保が困難になります。

そのため、相対方式は、交渉決裂の可能性が低く、有利な条件を出してくれる可能性の高い、有力な候補先を見つけることができる場合に適しています。

3 入札方式において注意すべきポイントとは

　入札方式は、複数の買手候補先に打診を行うことから、買手候補先が競争環境に置かれ、売手に選ばれる魅力的な条件を提示するように努力するため、一般的に売手に有利な条件を引き出すことが可能です。

　また、買手候補先ごとの入札条件（価格等）を比較することができ、最終的な売却条件の検証が可能になります。

　一方で、複数の買手候補先に情報を開示することから、一般的に相対方式と比較した場合、**情報流出のリスク**が高まります。また、買手候補先によっては**検討に時間がかかる**場合もあり、相対方式よりも取引が長期間にわたる可能性があります。加えて、複数の買手候補先から、資料の依頼や質問が来る場合、**対象会社の窓口となる担当者に相応の負担が生じ、通常の事業オペレーションが妨げられる**場合が多くなります。

　そのため、入札方式は、ある程度の時間や事務負担、情報流出リスクを考慮しても、最も有利な条件で売却したい場合には適しているといえます。

Q22

入札方式の場合は、候補先はどのように、何社程度選定されるものなのか

A

1 入札方式の場合の候補先選定とは

入札方式の場合、複数の買手候補先を売手が選定し打診を行います。一般的な候補先選定基準は下記のとおりです。

(ア) 業　　種

買手候補先の事業と、対象会社が行う事業との関連性により選定されます。

同業種の場合、買手候補先に事業への知見があることから、M&A実行後（PMI）において、スムーズに事業運営の引継ぎを行うことが可能となります。そのため、通常の案件においては、対象会社と同業種、または同業種でなくても周辺の業種の会社を買手候補先とすることが一般的です。

一方で売手によっては、同業者へ売却することを敬遠する場合があります。たとえば、既存の取引先との関係が非常に強く、同業者が買収すると、既存の取引先との関係維持が困難となる場合です。既存取引先との関係維持が事業の継続を左右する場合は、同業者への売却ではなく、既存取引先に影響のない他業種やファンドへの売却を検討します。

(イ) 会社規模

買手候補先の売上高、資本金や従業員数等から選定されます。

売手にとっては、会社を高値で売却できることも大切ですが、M&A後の対

象会社の事業継続性、従業員の雇用安定性も同様に大切です。そのため、ある程度、会社規模が大きい買手のほうが、売主としてより安心して売却することが可能になります。

　(ウ)　**過去のM&A状況**

　買手候補先が過去にどの程度M&Aを実施しているのかについても判断材料に含まれます。

　いままで一度もM&Aを実施したことのない会社の場合、そもそもM&Aに興味がなく、話を持ち込んでも断られるのではと思われることがあります。また、M&Aについて不慣れであることから、M&Aプロセスが非効率に進む可能性があるというデメリットがあります。

　一方で、M&A経験が豊富な会社の場合、M&Aを専門に行う部署を有する会社がある等、非常に巧みに交渉等を進めることも想定されるため、売手にとって不利な契約となる可能性があるというデメリットがあります。

　上記のとおり、それぞれ一長一短であるため、どの候補先を選定するか、M&Aアドバイザーとしっかり協議する必要があります。

2　どのくらいの社数が選定されるのか

　買手候補先に選定される社数は**案件により異なります**。

　たとえば、情報漏えいリスクを最小限に抑えることを重視する場合や、売手が特定の数社のみを買手候補先とするよう希望した場合には、選定される社数は少なくなります（筆者の経験上、3～5社程度）。

　一方で、売却価格のみを重視し、高値で会社を売却したい場合や、対象会社が債務超過等の理由で、買手が見つかる可能性が低い場合等には、選定される社数が増加します（筆者の経験上、5～10社程度）。

3 意向表明書

Q23 意向表明書には一般的に何を記載することが多いのか

A 意向表明書とは、買手が売手に対して、自らの買収意向と希望条件を伝達する文書のことをいいます。二段階入札を実施する場合、一次入札のタイミング（一次意向表明書）と、二次入札のタイミング（最終意向表明書）で2回意向表明書を提出することになります。意向表明書に記載する内容としては、実務上はプロセスレターといわれる入札の進め方等の要領を記載した書面に指示があるので、最低限その内容については記載する必要があります。一次意向表明書で一般的に要請される項目は下記があげられます。

1 買収の目的および関心の背景・理由

今回のM&A取引を検討した結果やその目的、買収後の対象会社にかかる事業運営方針やシナジー等を記載します。

2 譲受主体

今回のM&A取引にかかる対象会社や対象事業の譲受主体を記載します。なお、譲受主体が買手以外（たとえば、そのグループ会社等）となる場合、当該法人の概要および買手との関係を記載します。

3 今回のM&A取引にかかるスキーム

プロセスレター上、今回のM&A取引についてスキームの記載がありますが、そのスキームで問題ないか、また別のスキームを提案する場合にはその

内容と理由を記載します。

4 譲受価額、算出根拠および前提条件

今回のM&A取引にかかる譲受価額、その算出根拠や前提条件、また最終意向表明書での提示価額が変更となる要因について記載します。

5 株式譲受に必要な資金の調達方法

自己資金か外部調達かを記載します。なお、外部調達の場合、売手としてはその確度を気にしますので、金融機関への打診状況や調達の実現可能性についても記載します。

6 対象会社の役職員の処遇

役職員の継続雇用の可否、雇用条件に関する意向等を記載します。

7 役職員の派遣

対象会社へ派遣を予定している役職員の有無、また予定している場合にはその役職員の人数や予定する担当職務を記載します。

8 DDや今後のスケジュールについての希望

DDにて調査を希望する項目(法務、財務、税務、ビジネス等)、インタビューを希望する場合の対象者、またスケジュールについての希望を記載します。

9 意思決定プロセス

一次意向表明書提出にあたり完了している社内手続および決裁者、また最終契約締結およびクロージングまでに予定している、社内および社外での手続(取締役会の承認等)を記載します。

M&Aアドバイザー、弁護士、会計士、税理士等の外部専門家の起用があ

る場合には、売手のそれらとのバッティングを避けるため、その法人名等を記載します。

10 買手の窓口

今回のM&A取引にかかる検討について窓口となる方の連絡先（氏名・会社名・部署名・住所・役職・電話番号・メールアドレス）を記載します。

11 その他

今回のM&A取引に関する要望等があれば、その他として記載します。

Q24

意向表明書を作成するうえで、注意すべきポイントは何か。売手はどこにポイントを置き意向表明書を比較するのか

A

1 意向表明書を作成するうえで注意すべきポイントとは

　意向表明書は、売手に対し自分たちがいかに魅力的な買手候補先かアピールする書面になります。複数の候補先の中から売手に選ばれるためには、**どのポイントで意向表明書を比較しているのかを考慮したうえで、訴求ポイントを押さえて作成**する必要があります。

　前述の【Q23】のとおり、実務上、意向表明書に記載を求められる項目は、プロセスレターといわれる案内書に記載されており、記載を求められている項目は最低限記載する必要があります。

　プロセスレター上、意向表明書に記載が求められていない項目であっても、**より売手に訴求できる項目がある場合は、積極的に記載**することで売手の印象がよくなります。たとえば、過去に対象会社と同業種の会社に対しM&Aを行い、グループ間のシナジーにより当該会社の企業価値の向上に成功した場合は、過去のM&A実績を記載することで、売手へのさらなるアピールが可能になります。

　原則として意向表明書には**提出期限**があり、期限を超過した場合は意向表明書を受け付けてもらえないことがあります。そのため、余裕をもって意向表明書を提出できるようスケジュールを調整することが必要です。

　また、意向表明書の提出前後に、**売手または対象会社と直接コンタクトをとることは厳禁**です。最悪の場合、入札の対象から除外される可能性があります。

2 売手が着目する意向表明書のポイント

　一般的に売手が着目する意向表明書の項目は、取引に際しての条件面です。すなわち、**取引希望価額、スキーム、役職員の処遇**等について、売手の満足する水準で買手が提示できているか否かがポイントとなります。

　この中で、多くの場合、**取引希望価額が最も重視**されます。当然、売手としては高値で売却したいという思いがあり、同時にこの金額以下では売らないという最低限の価格目線を有しているものです。そのため、売主が求める最低限の価格目線を超えたうえで、他の候補先の動向も考慮し、買手として可能な範囲でなるべく高い金額を提示することが必要となります。

　最低限の価格目線や他候補先の動向を正確に把握することは通常困難です。そのため、相手方のM&Aアドバイザーと頻繁にコンタクトをとり、密な関係を構築したうえで、それとなく最低限の価格ラインや他候補先の動向等を聞き出すことができれば、他の候補先よりも優位な条件を提示することが可能となります。

　価格以外で売手が着目するポイントとしては、スキームや役職員の処遇等があげられます。基本的には、売手の希望をふまえたうえで、スキームや役職員の処遇に関する条件を提示することが必要となります。

4 基本合意書

Q.25 基本合意書とは何か、そもそも締結すべきなのか。また、論点になりやすいポイントは何か

A

1 基本合意書の意義とは

基本合意書とは、**案件に関して売手と買手が合意した大まかな諸条件を確認する書面**で、一般的にはDDの前に締結されます（巻末の別紙5参照）。最終契約書と異なり、**あくまで確認書であって、必ず締結すべきものではありません**。

2 基本合意書の記載事項とは

主な記載事項は、下記のとおりです。

(ア) 契約条件

買収対象、取引スキーム、取引金額、スケジュール等が記載されます。取引金額については、締結時点での金額に加え、その算定の考え方も記載することがあります。なお、DD実施前の数値であるため、DDの結果により調整される旨の文言を記載することが一般的です。

(イ) DDの実施

基本合意書締結後にDDを実施することが多いため、DDの実施およびお

Ⅱ　M&Aの実行　71

互いに協力すること等を記載します。

(ウ)　**独占交渉権**

本項目は、買手にとって、基本合意書の中で最も重要な条項となります。

買手にとって基本合意書締結後DDを行う際には外部専門家の起用が必要となり、外部専門家へ多額の報酬を支払うことになります。しかし、独占交渉権がない場合、売手がほかの買手候補先を最終候補先として絞り込み、そのまま最終契約書を締結してしまった場合には、外部専門家に多額の報酬を支払ったにも関わらず、M&Aが実行できない可能性があります。また、DD対応のためには社内のリソースを割く必要がある等、多くの労力がかかることとなるため、買手としては案件成約確度を上げるために独占交渉権を求めます。

一方、基本合意書に独占交渉権を記載すれば、売手にとっては売却する選択肢を狭めてしまうことになるため、よほど有力な候補先が現れない限り、売手は通常それを記載することに抵抗します。実務上は、売手が納得するように、**独占交渉権を付与する期間を設定して基本合意書に記載**します。独占交渉期間は**2～6カ月**が一般的な期間となります。

(エ)　**法的拘束力**

基本合意書は、「❶　基本合意書の意義とは」で説明したとおり、あくまで確認書であり契約書ではありません。そのため、条項のすべてに法的拘束力をもつ契約書とは異なり、基本合意書の条項については法的拘束力をもたせることも、またもたせないことも可能です。実務上は、特定の条項のみ法的拘束力をもたせ、それ以外の条項には法的拘束力をもたせないかたちが多いです。法的拘束力をもたせる条項としては、上記(イ)**DDの実施**、(ウ)**独占交渉権**等があります。(ア)契約条件は、DD実施前であり変更となる可能性があるため、法的拘束力をもたせないことが一般的です。

5 デューデリジェンス（DD）の進め方

Q 26

DDの対象範囲にはどのようなものがあり、どのようにして決定すればよいか

A

1 DDの対象範囲とは

多くの案件でDDの対象範囲となるのは、財務、税務、法務、人事労務、ビジネスで、案件特性に応じて、不動産、環境、システムも対象とすることもあります。範囲の決定については、**対象会社が所属する業界特有のリスクや規模、買手のDDに対する予算等を総合的に考慮して決定**することになります。以下、多くの案件で対象範囲となる、財務、税務、法務、人事労務、ビジネスについて説明します。

(ア) **財務DD**

主に**対象会社の正常収益力**と、**実態純資産**を明らかにすることが目的です。対象会社の過去の決算書（B/S、P/L、C/F等）を対象とし、会計士等の専門家が実施します。

対象会社の正常収益力とは、主に決算書のP/L面において、正常な営業活動を行った場合に得られる収益力のことです。一時的または正常でない要因や、グループ間取引を修正し、実態としての収益力を示すものとなります。

対象会社の実態純資産とは、主に決算書のB/S面において、計上されている資産負債を時価ベースで評価することおよび、現在計上されていない、計

Ⅱ　M&Aの実行　73

上すべき資産負債を計上したうえでの実態としての純資産（資産と負債の差額）を明らかにします。

　その他、キャッシュフロー分析（資金収支、運転資本、設備投資等の状況を分析すること）やスタンドアローン分析（対象会社または対象事業が本社またはグループ会社より管理機能等の支援を受けている場合、M&A実行後に対象会社が単独で事業継続する際に、不足する管理機能等を洗い出し、それを補うために追加で必要となる費用等を分析すること）を行うこともあります。

　(イ)　**税務DD**

　主に**対象会社の税務リスク**を把握することが目的です。対象会社の税務申告書等を対象とし、税理士等の専門家が実施します。税務リスクは、過去の税務処理の間違いや、税務当局の判断によっては指摘事項となりうるようなことであり、対象会社の税務に関わる経済的損失が生じる可能性のことをいいます。

　(ウ)　**法務DD**

　主に**対象会社の法務リスク**を把握することが目的です。対象会社の会社運営（取締役会・経営会議・営業会議等）、議事録（株主総会・取締役会）、契約書、許認可や登記関係の書類を対象とし、弁護士等の専門家が実施します。主な法務リスクには、契約の不備、法定書類の不備、訴訟や紛争といったことが含まれます。

　(エ)　**人事労務DD**

　主に**対象会社の人事労務リスク**を把握することが目的です。対象会社の人事規程、従業員の一覧、給与台帳、勤怠データや労使協定等の書類を対象とし、弁護士や社会保険労務士等の専門家が実施します。人事労務リスクには、残業代の未払いや労働時間の管理体制の不備等が含まれます。

(オ) **ビジネスDD**

主に**対象会社の事業の将来性**と、**シナジー**を把握することが目的です。対象会社の事業を取り巻くマクロ環境、市場、競合、ビジネスプロセス等を対象とした事業構造分析と、事業別、製品別、顧客別、機能別等に対象会社を分析する業界構造分析により、対象会社の経営実態を把握し、事業の将来性を見極めます。次に、把握された経営実態を整理したうえで、実現可能性と経済性から中長期的なシナジーを抽出・整理し、M&A後の対象会社のバリューアップ機会を抽出します。買手またはコンサルティング会社にて実施します。

Q.27

DDの開示資料リストは、売手と買手のどちらがどのようにして作成するのか

A

1 DDの開示資料リストの意義とは

DDは、具体的には対象会社の資料を閲覧し、インタビューやExcel等で作成した質問リストおよび回答を通じて進めます。そのため、対象会社の資料の確認は、DDを進めるにあたっての基本となります。また、資料準備は対象会社の担当者の負担になることから、担当者の実務負担を抑え、余裕をもって準備をしてもらうために、開示を希望する資料を一覧で取りまとめ、開示資料リストとして提出することが、DDの第一歩となります。

2 DDの開示資料リストはどちらが作成するのか

DDの開示資料リストを、買手と売手(対象会社)のどちらが作成するかについては明確な取決めはありません。買手売手のどちらも作成する場合がありますので、**状況に応じて効率的なほうを選定**することになります。

(ア) 買手にて開示資料リストを作成する場合

買手のDD担当の専門家が、必要な資料をリストにまとめたうえで、売手に提示する方法です。この場合の買手のメリットとしては、買手が希望する資料がもれなく依頼されることになるため、情報のもれが少ないことがあげられます。また、売手にとっても、リストに記載されている資料「だけ」準備すれば足りるというメリットがあります。しかし、開示資料リストのボリュームが非常に多い場合や、買手候補先が複数社残っている場合は、買手

図表Ⅱ-1　開示資料リストのひな型

Project XXX：資料リスト	
Ⅰ．基本資料	
Ⅰ-1	会社案内
Ⅰ-2	商業登記簿謄本
Ⅰ-3	定款
Ⅰ-4	株主名簿
Ⅰ-5	役員に関する資料（氏名、役員報酬等）
Ⅰ-6	組織図（店舗、部署別人員明細を含む）
Ⅰ-7	従業員リスト（匿名可。人数、在職年数（平均）、給与水準（平均）等の概要）
Ⅱ．事業全般および人事関連資料等	
Ⅱ-1	事業部門別収支　過去3期分
Ⅱ-2	主要仕入先、販売先（上位10社程度）　過去3期分
Ⅱ-3	拠点一覧（住所、面積等の明細含む）
Ⅱ-4	許認可・ライセンス等のリスト
Ⅱ-5	特許権・商標登録、その他保有する知的財産権一覧表
Ⅱ-6	従業員の就業規則（給与規定、退職金規定含む）
Ⅱ-7	役員の退職慰労金規定
Ⅲ．財務関係	
Ⅲ-1	税務申告書（確定申告書、貸借対照表、損益計算書、勘定科目明細書）
Ⅲ-2	進行期の月次試算表
Ⅲ-3	今後5年間の事業計画（損益計画、出店計画、人員計画等含む）
Ⅲ-4	今後5年間の設備投資計画および減価償却予想
Ⅲ-5	所有不動産の明細（所有土地・建物リスト、不動産鑑定評価書）
Ⅲ-6	固定資産税評価額資料
Ⅲ-7	賃借物件リスト
Ⅲ-8	グループ内の取引状況がわかる資料（含む役員、株主との取引）
Ⅲ-9	保有資産明細（有価証券、保険積立金等）および時価がわかる資料
Ⅲ-10	（従業員）退職給付債務がわかる資料
Ⅲ-11	退職慰労金債務がわかる資料
Ⅲ-12	借入金明細一覧（借入先、借入額、金利、期間等）
Ⅲ-13	被保証債務一覧（株主等による債務保証）

Ⅲ-14	保証債務一覧（貴社による保証債務）	
Ⅲ-15	過去の資本取引（株式の移動、新株発行等）、M&Aについての内容がわかる資料	
Ⅲ-16	リースの一覧表	
Ⅳ．法務関連		
Ⅳ-1	労働組合の有無（あればその内容）	
Ⅳ-2	不動産賃貸契約書	
Ⅳ-3	事業上重要な契約書	
Ⅳ-4	係争中の案件、クレーム等のリスト	
Ⅳ-5	潜在債務リスト	

にて開示資料リストをつくると対象会社の担当者の負担が大きくなることから、下記の(イ)の売手にて開示資料を作成する場合が多いです。

(イ) 売手にて開示資料リストを作成する場合

　売手にて対象会社に保管されている資料で、一般的にDDに必要と思われる資料を取りまとめてリスト化し、買手に提示する方法です。この場合の売手のメリットとしては、事前に売手でリストを作成するため、事前準備が可能であること、また、買手候補先の数に関係なく、一括して対応できるため、対象会社の担当者の業務負荷の軽減につながります。さらに、買手にとっても、開示資料リスト記載の資料は、対象会社に存在し、かつ入手が可能なため、開示資料リスト記載の資料のみで足りるのであれば、追加の資料提供依頼を行う必要がないというメリットがあります。

　一方で、売手が提出した資料よりも、買手（専門家を含みます）が求める資料の範囲が広い場合、結局追加で買手から売手に資料提供を依頼することになり、当初のメリットであった売手担当者の業務負荷の軽減効果が得られない場合があります。そのため、売手から開示資料リストを作成する際は、追加で資料提供を依頼される回数が少なくなるよう、存在する資料は幅広く準備しておくことで効率的なDD対応につなげることができます。

Q.28 インタビューと見学（事業所・工場）はどのように実施すればよいか

A

1 DDにおけるインタビューの意義および種類とは

前述の【Q27】のとおり、DDは主に資料の閲覧と、その内容に関する質問および回答を通じて進めます。買手は資料の閲覧だけではわからない内容や、資料に記載されていない項目について、インタビューまたはExcel等で作成した質問リストを用いて売手に回答を依頼します。

口頭では伝わらない細かな質問や、回答内容を複数の関係者に共有する場合は、記録が残る質問リストを使用したほうが効果的です。一方で、質問リストを使用すると、担当者がリストに回答を記載する分、売手の手間になりますので、**担当者の負担を減らす**観点から、インタビューを実施したほうが効果的な場合もあります。

インタビューは、主にマネジメントインタビューと実務者インタビューの2種類があります。会社の規模によっては、マネジメントが実務担当者を兼務している場合があり、マネジメントインタビューと実務者インタビューを区別せずにインタビューを実施する場合もあります。

2 マネジメントインタビューとは

マネジメント、いわゆる社長等の経営層に対して実施するインタビューをいいます。

マネジメントインタビューにおける質問の内容としては、会社のこれまでの**沿革**、会社の**事業内容**、会社の**強みや弱み**、会社が属する**業界の展望**、事

業運営上の**キーパーソン**等、会社の概要やビジネスについて、広範にインタビューを実施します。マネジメントインタビューを通じて会社の概要を理解したうえで、DDを進めたほうが効果的であることから、マネジメントインタビューはDDの初期段階で実施することが多くなります。

3 実務者インタビューとは

　前述の【Q26】のとおり、財務、税務、法務、人事労務、ビジネス、不動産、環境、システムといった**各分野の担当者に対して実施**するインタビューです。実務上は、経理、法務や人事等、社内の管理部門の担当者や各部門の責任者（部長等）が回答することが多くなります。

4 事業所・工場見学とは

　重要な拠点（倉庫や工場等）を有する会社の場合、資料の閲覧やインタビューに加えて、現場を確認することがより効果的です。

　倉庫や工場において、買手は特に稼働している状態での見学を希望しますが、倉庫や工場の対象会社従業員はM&Aについて開示されていない場合が多いため、**不審に思われないよう十分に留意したうえで見学を行う必要が**あります。

6 DD（セルサイド特有論点）

Q.29

売手として、DDを受ける際に適切な体制とは何か

A

1 DDを受ける際の体制とは

売手として、DDを受ける際の体制としては、**窓口となる担当者を設置し**たうえで、買手候補先からの資料提供依頼や質問に対応することが一般的です。

2 適切な体制構築のポイントとは

DDを受ける際の適切な体制構築のポイントとしては、(ア)窓口となる担当者への負荷集中の回避、(イ)M&Aについて非開示となっている従業員への対応があげられます。

(ア) 窓口となる担当者への負荷集中の回避

一般的なDDは財務、税務、法務分野で実施されることが多いため、窓口となる担当者は、対象会社において当該分野に精通している**管理系の部署の実務責任者**が担うケースが一般的です。

DD期間中は、買手が起用した各種専門家からさまざまな分野に関し資料提供依頼や質問が行われ、窓口となる担当者が短期間で資料提出や回答を行う必要があります。

対象会社にとっては、通常の業務と並行してDDに対応する必要があるた

め、DD期間中の窓口となる担当者への負荷集中回避がポイントとなります。たとえば、①**窓口となる担当者の通常業務の一部をほかの従業員に移管して負荷を軽くすること**、②資料のコピーやデータ化するための作業要員として、**補助者を別途アサイン**すること等があげられます。

(イ) M&Aについて非開示の従業員への対応とは

　非開示となっている従業員にいかに怪しまれずに進めるかがポイントとなります。

　非開示となっている従業員からすると、DD対応に伴い、窓口となる担当者が突然過去の資料を探したり、いままで聞かれたことのない質問をしたりすると、社内に「何か」起きているのではないか、と怪しむ場合があります。怪しんだ社員がほかの社員に伝えることで、社内に不信感が蔓延し、通常の業務にも支障をきたすおそれがあります。

　そのため、DDの窓口となる担当者は、**資料や回答の収集を行っても社内で怪しまれるおそれの少ない上位の責任者が務めることがポイント**となります。

　また、窓口となる担当者以外のメンバーを補助者として追加でアサインする場合、円滑なDD対応のため、当該補助者にもM&Aが進行していることを開示し、ほかの従業員にはいっさい他言しないよう、しっかりと注意喚起する必要があります。

　さらに、社外の弁護士や税理士と顧問契約を締結している場合は、関連する分野のDD対応を、当該専門家に依頼することで、効果的かつ効率的なDD対応が可能になります。

Q 30

買手候補先への資料の受渡し方法として、バーチャルデータルーム（VDR）の活用は最適な方法なのか

A

1 資料の受渡し方法とは

DDにおける買手候補先との資料の受渡し方法については、大きく分けて、下記の3つの方法が考えられます。
(ア) ハードコピーの手渡し
(イ) メールやファイルストレージサービスでの受渡し
(ウ) バーチャルデータルーム（VDR）の活用

従来のDDでは、物理的な部屋を用意してそこにDDに関与する担当者および各専門家が一堂に会した（オンサイトDD）際に必要な資料のハードコピーのみをその場で手渡しすることや、メールでの資料の受渡しが圧倒的に主流でした。しかし、近年はVDRの活用もふえつつあります。

VDRとは、クラウド型のインターネット上で電子化された関連資料を共有化するための場所をいいます。VDRの特徴としては、**窓口となる担当者の資料の受渡しによる負担減、膨大な量の資料を安全に送付**することができることがあげられます。通常のDDでは買手候補先が1社だけでなく複数社になることがあり、資料の受渡しだけでも窓口となる担当者にとっては負担となります。VDRを活用して一度資料をアップロードしておけば、開示先として指定した買手候補先および各専門家のみが資料をダウンロードすることができるため、窓口となる担当者の事務負担を軽減することができます。また、膨大な量の資料を格納できることやセキュリティ面でも従来の受渡し方法より優れているといわれています。

しかしながら、中堅・中小企業におけるM&Aにおいては、VDRを活用する事例はごく稀です。特に中小企業では資料の一部が電子化されていない場合が多く、オンサイトDDにより必要な資料だけをハードコピーする方法を採用するほうが、負担が少なくすむからです。資料が電子化されている場合であっても、買手候補先が1～2社程度であれば普段の業務で使い慣れたメールやファイルストレージサービスを活用する方法が好まれることもあります。VDRの使用には相応の費用がかかることも、その理由のひとつとしてあげられます。

　資料の受渡し方法を検討する際には、**資料の電子化の状況、開示する関係者の数、資料の量、セキュリティ面を総合的に勘案し、案件の特性を考慮して選択する必要があります**。

7 契約書交渉

Q31

最終契約書は、売手と買手のどちらが作成するのか

A

1 最終契約書の意義とは

　最終契約書とは、文字どおり案件に関し最終的に合意した内容を記載した契約書となります（巻末の別紙6参照）。最終契約書の内容は、基本合意書を締結している場合、その内容を基礎とし、その後のDDでの発見事項や、契約書交渉の結果をふまえ確定されます。

　また、売手が保有する株式の一部のみを売却し、取引後も株主として残る場合は、最終契約書とは別に、買手と売手間で株主間契約書を締結する場合があります。株主間契約書では、株式の取扱いや会社運営の詳細等につき、両者の合意事項を規定します。

2 契約書交渉とは

　最終契約書は、一般的なひな型どおりのままで締結することは皆無で、案件の状況に応じオーダーメイドで作成されます。また、最初につくられた案（以下、「1stドラフト」）のまま締結することも皆無です。1stドラフトを相手に提示し、相手からの要望が記載された契約書案を受け取り、さらに、当方からもその案に対して追加の修正案を提示するといったやりとりが何往復も続きます。いわゆる契約書交渉といわれるものです。契約書交渉における主な論点については【Q32】で後述します。

Ⅱ　M&Aの実行　85

通常のM&Aにおいては、どんなにシンプルな契約書であっても、**売手と買手との間で2～3往復の契約書交渉**が行われます。期間としては短くとも1カ月程度は必要になると考えておいたほうが無難です。案件の規模、スキーム、DDでの発見事項等で契約書に盛り込むべき項目が複数あるような場合は、契約書のボリュームが増加し、契約書交渉における論点もその分増加しますので、さらに往復回数が増加し、交渉期間も長期化します。

なお、1stドラフトの作成から弁護士（可能な限りM&Aを専門にしている弁護士）に関与してもらい、法的な論点を多数含んだ内容になっても対応できる体制で案件を進めることが望ましいです。

3 最終契約書は売手と買手のどちらが作成するのか

最終契約書は、売手と買手の交渉により内容が決定されますが、**1stドラフトについて、売手と買手のどちらが作成すべきかについては決まっておらず**、案件により異なります。ただし、入札方式の場合には、売手がイニシアチブをとることが多いため、**売手が1stドラフトを作成する場合が多く**なります。

売手が1stドラフトを作成する場合、一般的には売手に有利な契約書を作成します。具体的には、表明保証と誓約事項の項目は少なく、損害賠償の上限は低く設定します。契約書全体として、売手がなるべく契約書に拘束されないように、ボリュームは少なくなる傾向にあります。

一方で、買手が1stドラフトを作成する場合は、一般的には買手に有利となるように上記の売手作成とは反対のスタンスで契約書を作成します。

いずれの場合でも契約書交渉を通じ、落としどころを見つけ、最終契約書を作成することになります。

Q 32

最終契約書において論点になりやすいポイントは

A

1 最終契約書の論点になりやすい条項とは

通常の株式譲渡を前提とした場合、前提条件・表明保証・誓約事項・損害賠償が論点としてあげられます。また、表明保証については、特に重要な論点となりますので【Q33】で別途説明します。

2 前提条件におけるポイントとは

最終契約書における前提条件とは、取引の実行（クロージング）において、売手および買手のそれぞれに一定の条件を定め、条件が満たされない限り取引を実行しないことを規定した条項です。

最終契約書を締結した場合であっても、必ずしもクロージングを行うわけではありません。**クロージングが困難な状況が発生したときに、クロージングを行わなくても債務不履行にならないよう、契約当事者を保護する規定が**前提条件となります。

クロージングが困難になる状況とは、表明保証違反、契約違反の存在やクロージングに必要な手続の未了等があげられます。そのため、実務上、最終契約書に前提条件を織り込む場合は、案件の状況に応じた設定が必要となります。

なお、クロージング日において前提条件が満たされない場合であっても、取引当事者が当該状況を理解したうえで、クロージングを行うことも可能です。このような状況に対応するため、最終契約書上は、前提条件について放棄可能な旨を記載することが一般的です。

3 誓約事項におけるポイントとは

　最終契約書における誓約事項とは、最終契約書の締結からクロージング日までにおいて、売手および買手が実施すべき事項を規定している条項です。
　「2　前提条件におけるポイントとは」で説明したとおり、最終契約書を締結した場合でも、必ずしもクロージングを行うわけではありません。**誓約事項の履行は、クロージングの前提条件のうちの一条件**となります。なお、実務上は、最終契約書においては、誓約事項を売手および買手の義務と表記する場合があります。誓約事項の主な例としては、下記の項目があげられます。

(ア) 売手および買手共通の誓約事項
　・株主総会や取締役会での承認等、必要な社内手続の実施
(イ) 売手のみの誓約事項
　・クロージング日まで、対象会社の業務について通常の業務の範囲で行わせる
　・DDで発見された事項の対処

　また、上記の項目はクロージング日までの誓約事項となりますが、クロージング日後の誓約事項を規定する場合もあります。これは、クロージング後において、M&Aの目的を達成できるように規定されるものです。
　なお、クロージング日までの誓約事項と異なり、すでにクロージングが完了していることから、当該誓約事項の不履行が発生しても、契約を解除することは困難であり、不履行による損害が発生した場合は、契約書上、損害賠償等にて対応することになります。

4 損害賠償におけるポイントとは

　最終契約書における損害賠償とは、表明保証違反やその他契約上の義務に違反した場合に、当該違反に起因または関連して被った損害を賠償する規定です。

損害賠償におけるポイントは、(ア)賠償の上限、(イ)賠償の下限、(ウ)請求期間となります。実務上は、買手は売手に比べて、表明保証違反やその他契約上の義務に違反する可能性は低いことから、**損害賠償においては、売手にとって有利か不利かを考える必要があります**。

(ア) 賠償の上限

　売手に請求できる損害賠償額について、上限を設定しない場合、売手は株式の売却代金よりも多い金額を買手に請求される可能性が出てきます。株式を売却したことで、株式の譲渡代金よりも多くの損害賠償を支払う可能性があると判断した場合、売手はM&Aを中止することが考えられます。そのため、実務上は、「請求金額について取引価額の●%を上限とする」といった文言を入れることで、**売手のリスク範囲を限定**します。割合については、買手と売手の交渉により決定されます。

(イ) 賠償の下限

　売手に請求できる損害賠償額について、下限を設定しない場合、買手は1円でも損害が発生した場合には売手に請求することが可能となります。僅少な額の損害が発生するたびに請求されるのであれば、売手にとって非常に煩雑となります。そのため、実務上は、「単一の事実に基づく請求金額が金●万円を超えたものに限り行うことができるものとする」といった文言を入れることで、**煩雑さの回避**が可能となります。下限額については、買手と売手の交渉により決定されます。

　過去の案件において、買収前の期にかかる決算において、税務調査により追加の納税が発生したが、追加の納税額が賠償の下限額未満であったため、売主には請求されず回避することができたという事例もありました。そのため、売主保護の観点から、賠償の下限額を設定することは重要であると考えられます。

(ウ) 請求期間

　売手に請求する損害賠償について、請求期間を設定しない場合、株式を売却しても永遠に買手から損害賠償を請求される可能性が出てきます。株式を売却しても、損害賠償リスクが一生付きまとうことになるのであれば、売手はM&Aを中止する判断を行うことが考えられます。

　そのため、実務上は「損害賠償請求は、クロージング日から●年以内に、賠償を請求する旨の書面を通知した場合に請求できるものとする」といった文言を入れることで、**売手のリスク範囲を限定**します。請求期間については、買手と売手の交渉により決定されますが、**1〜1.5年**程度が通常です。

　なお、各種法律において、各種権利等に対する消滅時効が規定されている場合があり（賃金支払請求権は2年等）、そのような事項に対する請求期間は消滅時効にあわせて規定し、**特別補償条項**（【Q34】で後述）として規定されることもあります。

Q33 表明保証とは何か

A

1 表明保証の意義と役割とは

　表明保証とは、一般的に契約当事者の一方が、他方当事者に対し、主として**契約の目的物の内容等に関する事実について、契約時（またはクロージング時）において当該事実が真実かつ正確であることを表明し、その表明した内容を保証すること**をいいます。

　表明保証は、最終契約書の中で最も重要な論点になることが多く、契約書交渉においても特に注目されます。その対象としては、主に、売手に関する事項、対象会社に関する事項、買手に関する事項に分けられます。

　M&Aの際には、通常、買手は株式譲渡契約を締結するにあたって当該取引の契約条件（主として契約金額）の妥当性を検討したうえで、最終的に当該取引の実行自体の是非を判断することになります。妥当性を判断するためには、対象会社に対してDDを行い、対象会社が一定の状態にあることを前提として判断することになりますが、対象会社の内容に関する調査・把握には限界があり、必ずしもすべてのリスクが明らかになるわけではありません。

　また、DD時に売手および対象会社から入手した情報に虚偽がある可能性もあります。そのため、売手および対象会社が買手に提示した情報等が真実かつ正確であることを表明および保証させ、想定していない事象が生じた場合のリスク負担や提示された情報が事実に反する場合に生じた損害について、補償をどのように規定しておくのか取り決めておくことが重要となります。

Ⅱ　M&Aの実行　91

通常、買手は交渉の中で表明保証を網羅的に規定しようと主張します。これは、売手および対象会社に関する表明保証を網羅的に規定することで、買手ではなく売手にリスクを負わせることを意味しており、買手が売手に対して、取引の中止や補償請求を求めることができる事項を増加させることを意味するからです。逆に、売手および対象会社に関する表明保証の簡略化や省略は、売手ではなく買手にリスクを負わせることを意味します。

上記のような、表明保証にどの内容を規定するか以外に、規定された表明保証の範囲についても交渉が発生します。具体的には、売主は規定の文中に「重要な」や「売主の知る限り」等の文言を追加して範囲を限定し、リスクを軽減しようとします。

2 表明保証違反が生じた場合とは

実際に、表明保証違反に該当するような事実が判明または生じた場合には、当事者が当該取引にかかる契約条件の妥当性の根拠となる一定の前提に誤りがあった、または変化が生じたことを意味するため、**当該事実による当事者間の損得を手当て**する必要があります。

具体的には、株式譲渡実行前において表明保証事項が満たされなかった場合には、取引を停止する、または取引条件（主に契約金額）を調整します。株式譲渡実行後において表明保証事項が満たされなかった場合には、損害賠償が発生します。

3 表明保証・補償責任に関する判例とは

表明保証違反およびそれに伴う損害賠償につき、表明保証違反に該当するような事実が発生していたとしても、一定の事由に相当する場合には、売主が表明保証責任から免れる、または表明保証違反に基づく補償責任を負わないという判例が公表されています。そのため、買主としては**表明保証を記載すればすべてのリスクを免れるわけではない**という点にご留意ください。

東京地判平成18年1月17日（判時1920号136頁。アルコ事件）では、売主の

表明保証違反（対象会社の簿外債務の存在等）の事項の存在について、買主が知らなかったことが買主の重大な過失に基づく場合は、売主は公平性の見地に照らし、売主は表明保証責任を免れると解する余地があるとしています。

東京地判平成23年4月19日（判時2129号82頁）では、株式譲渡契約締結後、クロージングまでの間において、売主から買主に対し、表明保証違反（対象会社の事業・経営・資産等に重大な影響を及ぼす契約の未開示）を伝えたにもかかわらず、買主はクロージングを実行しました。その後に発生した損害について、売主はクロージング前に情報を開示しているため、買主がクロージングを実行するか否かを的確に判断するために必要な情報を提供されていたとして、契約上の義務に違反しているとはいえず、損害賠償の義務を負わないとしています。

大阪地判平成23年7月25日（判時2137号79頁）では、表明保証違反（税務当局との紛争）について、DD時に当該事実につき、法務専門家に説明および資料開示をしており、資料を確認すれば表明保証違反の可能性を認識しえたとして、発生した損害について売主は表明保証違反に基づく補償責任は負わないとしています。

Q34

DDでリスクが発見されたとき、最終契約書上どのように反映すればよいか

A

1 DDでの発見事項とM&Aへの影響とは

DDにおいて、リスクが発見された場合、発見されたリスクの程度によって、M&Aへの影響は異なります。発見されたリスクが買手にとって許容できないほど大きく、また最終契約書上の取引金額・スキーム・特別補償等の変更によっても買手にとって当該リスクを許容できないような場合は、M&A自体が中止となります。

上記以外の場合は、発見されたリスクについて、**Valuation（取引金額）に反映させるか、取引金額以外の最終契約書の内容を修正する**ことで対応します。なお、買手にとって最終契約書に反映するほどでもないリスクの場合は、最終契約書への反映はせずに、当該リスクを買手で受ける場合もあります。

2 DDでの発見事項の種類とは

DDでの発見事項を最終契約書に反映させる場合、発見事項の種類につき扱いが異なります。発見事項の種類は(ア)定量化可能な発見事項、(イ)定量化できない発見事項の2つに大別されます。

(ア) 定量化可能な発見事項

定量化可能な発見事項とは、対象会社の価値に対して、具体的な金額で、減額（または増額）が可能な発見事項となります。具体例は【Q49】で後述

します。

(イ) 定量化できない発見事項

DDでの発見事項のうち、定量化可能なもの以外の発見事項が該当します。具体例としては下記の項目があげられます。
① 対象会社社外に関する事項……事業に必要な許認可の未取得、取引先との取引基本契約の不存在等
② 対象会社社内に関する事項……各種議事録（株主総会、取締役会）の不整備、労務管理体制の不備等

上記のうち、労務管理体制の不備に関しては、従業員の労働時間をタイムカード等で記録しておらず、正確な実労働時間を把握していない等があげられます。昨今の労働環境を取り巻く状況を考慮すると、今後よりいっそう、買手にとって重視する項目になることが想定されます。

3 DDでの発見事項の最終契約書への反映とは

(ア) 定量化可能な発見事項

定量化可能な発見事項については、まずはValuationへの反映を検討します。具体的な方法については、【Q49】で後述します。

(イ) 定量化できない発見事項

定量化できないものは、最終契約書へ反映させます。その方法としては、そもそもの**スキーム変更**や、**前提条件、誓約事項、表明保証、特別補償等の条項になんらかの規定を加える**ことが考えられます。

具体的には、発見事項が事業運営上重要であり、クロージングまでの治癒が必要な事項であれば、前提条件や誓約事項にクロージングまでに治癒する旨の規定を追加します。また、発生するかは不明だが、発生した場合に損害を与える可能性がある事項については、表明保証に規定したうえで損害賠償

請求できるようにするか、特別補償を定めることが考えられます。
　特別補償とは、表明保証することができないリスクに対して、将来そのリスクが顕在化した場合に、損害を賠償することができるよう、通常の損害賠償規定とは別個に規定しておく補償条項のことをいいます。

8 案件公表

Q 35

開示義務がない場合でも、案件公表はするのか。取引先や従業員等にはどのタイミングで伝えればよいか

A

1 案件公表の目的とは

まず、案件公表を行う主な目的としては、下記の項目が考えられます。

(ア) 得意先や仕入先等の取引先への周知のため
(イ) 従業員への周知のため
(ウ) M&Aの目的(シナジー効果等)を広く周知することにより、自社のプレゼンスを高めるため

開示義務がない場合でも、案件公表を行っている事例は多くあります。筆者の経験上、その理由としては、(ウ)の**「M&Aの目的(シナジー効果等)を広く周知することにより、自社のプレゼンスを高めるため」**が多いです。ただし、すべての当事者の利害が一致するとは限らないため、開示するか否かは公表前に当事者間で十分に協議を行う必要があります。

また、開示義務がある場合には、取引所の適時開示基準等で開示項目が決まっています。一方、開示義務がない場合、取引所への相談は必要ですが、開示項目はある程度自由に設定可能です。そのため、目的にあわせて必要な項目のみで作成することになり、不要な項目は対象外となります。たとえば、中堅・中小企業のM&Aの場合、通常、**個人株主の株式売却代金の公表は開示目的に合致しないため、開示項目から削除する**ことが多いです。

2 取引先や従業員等への公表タイミングとは

　一般的な対応としては、**案件公表当日**のタイミングで、従業員への説明会や取引先への挨拶文書送付等を行います。一般的に、M&A案件は秘匿性が高く、利害関係者も非常に多岐にわたります。そのため、案件がブレイクする可能性も相応に高いことや案件を知らされた関係者からさまざまな噂が広がることを考慮し、案件を公表できる（クロージングがほぼ確実に実行される）タイミングになるまでは、取引先や従業員等に公表しません。

　ただし、案件推進上、**重要な従業員や取引先が存在する**こともありますので、そのような一部の関係者には**事前に説明を行う**場合があります（必要に応じて、秘密保持契約を締結することも考えられます）。

　筆者の経験上、下記のような場合に事前に説明を行います。

(ア)　従業員……DD対応人員を追加する場合、クロージング後退職されると事業運営上大きな問題のある社員がいる場合

(イ)　取引先……クロージング後取引がなくなってしまった場合に、企業存続に大きな影響を与える取引先がある場合

Q.36

上場企業の一般的な株式譲渡の場合、どのような開示が求められるのか

A

1 取引所適時開示と臨時報告書とは

　上場企業の場合、その株式譲渡が取引所の適時開示にかかる開示基準に該当する場合には、**取引所の開示ルールに沿った適時開示**が必要となります。また、その株式譲渡が臨時報告書の提出事由に該当する場合には、**臨時報告書の提出**が必要となります。

　取引所の開示基準のうち、株式譲渡に関連するものとして考慮すべきものは、㈦合併等の組織再編行為（株式交換、株式移転、合併、会社分割）、㈸子会社等の異動を伴う株式または持分の譲渡または取得その他の子会社等の異動を伴う事項に該当するかどうかです。なお、後者の基準については、軽微基準が存在します（有価証券上場規程402条1号 i ～ l・q、有価証券上場規程施行規則401条5号）。

　臨時報告書の提出事由のうち、株式譲渡に関連するものとして考慮すべきものは、㈺特定子会社の異動、㈻組織再編行為の決定、㈼財政状態、経営成績およびキャッシュフローの状況に著しい影響を与える事象に該当するかどうかです。なお、臨時報告書の提出事由については、いずれも軽微基準が存在します（企業内容等の開示に関する内閣府令19条2項）。

2 取引所適時開示で求められる開示内容とは

　㈦　合併等の組織再編行為に該当する場合に開示すべき事項は、下記のとおりです。なお、状況によって、開示を省略できる項目があります。

①　当該組織再編の目的
　　②　当該組織再編の要旨
　　③　当該組織再編にかかる割当ての内容の根拠等
　　④　当該組織再編の当事会社の概要
　　⑤　当該組織再編後の状況
　　⑥　会計処理の概要
　　⑦　今後の見通し
(イ)　子会社等の異動をともなう事項に該当する場合に開示すべき事項は、下記のとおりです。
　　①　異動の理由
　　②　異動の方法
　　③　異動する子会社等の概要
　　④　異動の日程
　　⑤　今後の見通し
　　⑥　その他投資者が会社情報を適切に理解・判断するために必要な事項
　　⑦　譲渡（取得）の相手先の概要
　　⑧　譲渡（取得）株数、金額
　　⑨　譲渡（取得）前および譲渡（取得）後の所有株式数および議決権所有割合

開示事項の詳細については、取引所が出している会社情報適時開示ガイドブックもあわせてご参照ください。

3　臨時報告書で求められる開示内容とは

(ウ)　特定子会社の異動に該当する場合に開示すべき事項は、下記のとおりです。
　　①　当該異動にかかる特定子会社の名称、住所、代表者の氏名、資本金または出資の額および事業の内容
　　②　当該異動の前後における当該提出会社の所有にかかる当該特定子会社

の議決権および当該特定子会社の総株主等の議決権に対する割合
③ 当該異動の理由およびその年月日

(エ) 組織再編行為の決定に該当する場合に開示すべき事項は、下記のとおりです。
① 当該組織再編行為における相手会社について下記に掲げる事項
・商号、本店の所在地、代表者の氏名、資本金または出資の額、純資産の額、総資産の額および事業の内容
・最近3年間に終了した各事業年度の売上高、営業利益、経常利益および純利益
・大株主の氏名または名称および発行済株式の総数に占める大株主の持株数の割合
・提出会社との間の資本関係、人的関係および取引関係
② 当該組織再編行為の目的
③ 当該組織再編行為の方法、対価の内容、その他組織再編にかかる契約の内容
④ 対価の内容にかかる算定根拠
⑤ 株式交換の場合には完全親会社、吸収分割の場合には承継会社、吸収合併の場合には存続会社、新設分割・新設合併・株式移転の場合には設立会社にかかる会社の商号、本店の所在地、代表者の氏名、資本金または出資の額、純資産の額、総資産の額および事業の内容

(オ) 財政状態、経営成績およびキャッシュフローの状況に著しい影響を与える事象に該当する場合に開示すべき事項は、下記のとおりです。
① 当該事象の発生年月日
② 当該事象の内容
③ 当該事象の損益に与える影響額

開示事項の詳細については、企業内容等の開示に関する内閣府令19条2項をご参照ください。

9 クロージング手続

Q37

中堅・中小企業のM&Aにおいて独占禁止法対応は必要なのか

A

1 独占禁止法の概要とは

　独占禁止法とは、私的独占の禁止及び公正取引の確保に関する法律のことであり、トラストやカルテル等による自由な競争の制限や企業活動の不当な拘束を排除し、企業結合（株式取得、合併、会社分割、共同株式移転および事業譲渡）等による過度の経済的集中を防止することで、公正かつ自由な競争による資本主義の市場経済の健全な発達を促進することを目的として制定された法律のことをいいます。独占禁止法は、(ア)私的独占の禁止、(イ)不当な取引制限の禁止、(ウ)不公正な取引方法の禁止、の3つの柱によって構成されています。また、不正行為があった場合には、公正取引委員会によって審査されることになります。

2 独占禁止法対応の必要性とは

　独占禁止法とは、大企業が手掛ける大型のM&Aについてのみ論点になると認識されがちですが、**中堅・中小企業におけるM&Aにおいても論点になる可能性がある**ためご留意ください。比較的ニッチな業界であれば業界規模が小さくなるため、小規模なM&Aであっても、独占禁止法対応が必要になるケースが存在します。

　M&Aにより市場を寡占化してしまうと、健全な企業間競争が損なわれて

しまうことになるため、独占禁止法では、(ア)実体規制、(イ)届出規制を設けています。

(ア) 実体規制とは

一定の取引分野における競争を実質的に制限することとなる企業結合を禁止するものであり、この規制に違反する行為がある場合には、公正取引委員会により、当該企業結合に対し排除措置命令や無効の訴えを提起されることになります。特定分野においてシェアの高いM&Aを予定している場合には、事前に「企業結合審査に関する独占禁止法の運用指針」（平成23年6月14日改定）を確認しておく必要があります。

(イ) 届出規制とは

たとえば株式取得の場合に、一定規模以上の企業結合として下記①に該当する会社が、下記②に該当する会社の株式を取得する場合で、下記③に該当する場合に公正取引委員会に事前の届出をすることを義務づけているものです。

① 買手の属する企業集団の国内売上高が **200億円** を超える場合
② 対象会社およびその子会社の国内売上高の合計額が **50億円** を超える場合
③ 買手が対象会社の株式（議決権）を取得し、新たに **20%** または **50%** を超えることとなる場合

原則として、**事前届出が受理された後30日間の株式取得の禁止期間があります**のでご留意ください。

上記のように、中堅・中小企業が手掛けるM&Aであっても、独占禁止法対応が必要になるケースがあるため、**独占禁止法を専門とする弁護士とよく相談することが必要**です。

3 ガンジャンピング規制とは

ガンジャンピングとは日本語でいう「フライング」の意味を有し、M&A

取引が成立する前や、競争当局（日本では公正取引委員会）からの承認が得られる前に、M&A取引が成立したかのような行動をとることです。具体的には、当事会社同士が競合する商品・サービスに関する価格、数量、設備、取引先等についての重要な情報を共有すること等を指します。

　上記の行為は独占禁止法上規制されており、違反した場合、刑罰、課徴金、排除命令等競争当局から制裁を受ける可能性があるため、独占禁止法対応と同様に、独占禁止法を専門とする弁護士とよく相談することが必要です。

Q38

契約締結からクロージングまでどの程度の期間を要するのか

A

1 最終契約締結からクロージングまでに準備するものとは

クロージングまでに準備するものはさまざまですが、一般的な株式譲渡において通常準備されるものは下記のとおりです。
(ア) 株券（株券不発行会社の場合には不要）
(イ) クロージング直前の株主名簿
(ウ) 株式譲渡承認がなされた株主総会議事録または取締役会議事録（定款に記載された承認機関の議事録）
(エ) 株主名簿名義書換請求関連書類
(オ) 役員の辞任届（クロージング後辞任する役員が存在する場合）
(カ) 会社実印・銀行印等の重要物品
(キ) 新たな役員選任のための臨時株主総会議事録、新たな代表取締役選定のための取締役会議事録、クロージング直後（名義書換後）の株主名簿等のクロージング後の手続を円滑に進めるために必要な書類

上記以外にも、案件により当事者から求められるものは種々ありますが、上記に関してはほぼ確実に準備が必要となります。

2 契約締結からクロージングまでどの程度の期間を要するか

結論からいうと、**契約締結からクロージングまでに要する期間は案件により異なる**ということになります。「**1** 最終契約締結からクロージングまでに準備するものとは」であげた書類をそろえるだけであれば、それほどの期間は要しませんが、問題となるのは最終契約書において「クロージング前の

義務」や「クロージングの前提条件」が設定されている場合です。

　たとえば、クロージング後事業運営を行っていくうえで、重要な従業員や取引先がある場合には、しばしばクロージング前に該当従業員や該当取引先に、クロージング後も退職しないことや、取引を継続する旨の了承（場合によっては書面での承諾書）を得ることがクロージングの条件となることがあります。通常そのような従業員や取引先が存在する場合には、契約締結前に事情を説明しておくことが望ましいですが、諸事情によりむずかしい場合には、契約締結後クロージング前の対応となることもありえます。対応する対象が単一であれば、それほどの時間は要しないかもしれませんが、複数の場合は、相応の時間を要することも考えられ、ましてや協議が難航した場合には、かなりの時間を要することもあるかもしれません。

　上記のように各案件の事情により、契約締結からクロージングまでに要する期間は異なることになりますが、**ある程度期間に余裕があり、丁寧に案件を進めることができる場合には**、余裕をもって2週間から1カ月程度の期間が設定されます。反対に、**期間に余裕がない場合は**、最短で契約と同日にクロージングということもありえます。

　契約締結後に慌てることがないよう、M&Aアドバイザー等とスケジュールをしっかり協議することが重要です。

Q39

クロージングでは何を実施するのか

A

1 クロージングでの実施事項とは

一般的な株式譲渡の案件において、クロージング日に実施する事項は下記のとおりです。

(ア) クロージング書類の引渡し
(イ) 株券の引渡しと譲渡代金決済（領収書の引渡し）
(ウ) 株主名簿名義書換え
(エ) 重要物品（会社実印、銀行印等）の引渡し
(オ) 役員選任のための臨時株主総会
(カ) 代表取締役選定のための取締役会
(キ) 役員変更等の登記手続

上記のとおり、基本的にむずかしい手続はなく、セレモニー的な要素が強いものになります。場所としては、当事者の会社やM&Aアドバイザー、決済金融機関の会議室等が考えられます。M&Aアドバイザーは、(ア)〜(エ)まで同席し、(オ)以降は当事者のみで実施する場合がほとんどです。また、登記手続が多い案件では、司法書士に終日立ち会ってもらうこともあります。

2 クロージングでの注意点とは

段取りが悪いと意外と時間を要するのが、「 1 (イ) 株券の引渡しと譲渡代金決済（領収書の引渡し）」の**譲渡代金決済**です。M&Aでは、移動資金額が大きいため、当日株券を確認してから口座振込みの手続をしていると、振込完了まで時間を要する場合があります。そのため、一般的にはクロージング

日前日等に買手があらかじめ銀行担当者に送金依頼手続をしておき、クロージング当日に株券を確認した時点で、送金依頼をしておいた銀行担当者に連絡し、送金指示をするという流れをとります。また、売手としても入金口座がある銀行の担当者にあらかじめこれぐらいの時間に入金がある旨を連絡しておき、入金があり次第連絡をいただけるように手配をしておくと、決済確認が比較的スムーズに行えます。

また、「**1**(ウ) 株主名簿名義書換え」に関して、名義書換請求書はクロージング前に作成し、譲渡代金決済後、売手に引き渡すことになりますが、事前に名義書換え後の株主名簿を作成しておけば、名義書換完了の確認もスムーズに行えます。**株主の移動は名義書換えが完了しなければ法的には完了しません**ので、重要な手続となります。

最後に、臨時株主総会や取締役会では、役員選任に関する事項だけではなく、役員退職慰労金の支給決議、定款変更の決議、取締役の報酬限度額や配分額の変更等もあわせて実施される場合がありますので、**当事者間で事前に議事内容を協議**しておくことが必要となります。

Valuation

1 各手法における注意点

Q 40

各手法の長所と短所、留意点は何か

A 主な手法としては、**1**マーケットアプローチ、**2**インカムアプローチ、**3**コストアプローチの3つがあります。

1 マーケットアプローチとは

(ア) 市場株価法

市場株価法とは、証券取引所市場で取引されている株価をベースに株式価値を算定する評価手法です。この手法は、対象会社が上場企業の場合に採用される最も一般的な手法のひとつであり、また、**多数の主体が参加して活発に市場取引が行われている場合には客観性も高い**ものと考えられます。ただし、株価はさまざまな要因で変動し、また未上場企業へは適用できない点にご留意ください。また、取引所で上場している株式は、少数株主の売買をベースとした支配プレミアムを含んでいない価格であるため、利用する際はその点を考慮する必要があります。

(イ) 類似会社比較法

類似会社比較法とは、対象会社と類似する上場企業の株価の財務数値に対する倍率（マルチプル）を算出し、対象会社の対応する財務数値に当該倍率を乗じることにより、株式価値を算定する評価手法です。この手法は、**事業特性をふまえた投資家目線での評価が可能**で、中堅・中小企業のM&Aにおいてもよく利用されています。ただし、対象会社固有の状況による株価への

図表Ⅲ-1　各アプローチにおける主な手法、特徴

主なValuation手法		各手法の主な特徴
1　マーケット アプローチ （市場ベース）	(ア)　市場株価法	・市場で取引される株価を基とした、投資家目線での評価 （長所）対象会社が上場企業であれば最も一般的な手法のひとつ （短所）マクロ／ミクロ要因などさまざまな要因で変動し、未上場企業への適用不可
	(イ)　類似会社比較法 （マルチプル法）	・対象会社と類似した上場企業の株価倍率を基に株価を推計 （長所）事業特性をふまえた投資家目線に基づく評価が可能 （短所）対象会社固有の状況による株価への影響は加味されない
	(ウ)　類似取引比較法	・過去の規模やスキームが類似した取引を基にプレミアムを設定 （長所）取引特性を考慮したプレミアムの設定が可能 （短所）プレミアムは必ずしもスキームや規模のみで決定されるわけではない
2　インカム アプローチ （収益ベース）	(エ)　DCF法	・対象会社が将来生み出すと予想されるFCFを基に事業価値を算定 （長所）企業の将来性を見込んだ算定が可能であり、事業部別の評価も可能 （短所）将来期間の見積もりや資本コスト等のパラメーターが多く、恣意性が働く
	(オ)　配当割引法	・株主が将来手にする配当を基に株式価値を算定 （長所）純資産と負債のバランスを考える必要がなく、簡易的に算出可能 （短所）配当政策が固定であることが前提なうえ、配当以外の価値は含まない
3　コスト アプローチ （資産ベース）	(カ)　修正簿価純資産法	・資産と負債を現在の価値に洗い替え、株式価値を算定 （長所）概念としてイメージがしやすい （短所）その時点の清算価値であり、将来性は加味されない

影響は加味されない点にご留意ください。
　また、類似会社が存在せず、類似性の低い類似会社を選定した場合に、算定結果の信用性がなくなってしまう点は念頭に置いておく必要があります。

(ウ) 類似取引比較法

類似取引比較法とは、過去の業種、規模やスキームが類似したM&A取引を選定し、類似取引の取引金額と類似取引対象会社の財務数値に基づき倍率（マルチプル）を算出し、対象会社の対応する財務数値に当該倍率を乗じることにより、株式価値を算定する評価手法です。この手法は、**取引特性を考慮した倍率が設定できるため、類似取引が存在する場合には有用**であるといえます。ただし、実際の取引金額は規模やスキームのみで決まるわけではないため、実際の適用にあたっては可能な限り類似取引の条件等も確認する必要があります。

2 インカムアプローチとは

(エ) DCF法

DCF法とは、対象会社が継続企業を前提として将来生み出すと予想されるFCFを、割引率（WACC等）を用いて現在価値に引き直し、株式価値を算定する評価手法です。この手法は、**企業の事業計画をベースに将来性を見込んだ算定が可能であり、事業部別の評価も可能**であるため、よく利用される手法のひとつとなっています。ただし、将来期間の見積もりや、資本コスト等のパラメーターが多く、ほかの手法より比較的恣意性が働きやすい点にご留意ください。

(オ) 配当割引法

配当割引法とは、株主が将来手にする配当を基に株式価値を算定する評価手法です。この手法は、**純資産と負債のバランスを考える必要がなく、簡易的に算定することが可能**です。ただし、配当政策が固定であることが前提なうえ、配当以外の価値は含まないため、M&A上はあまり利用しません。

3 コストアプローチとは

(カ) 修正簿価純資産法

　修正簿価純資産法とは、資産と負債を実際の価値に洗い替え、株式価値を算定する評価手法です。この手法は、**概念としてわかりやすく、関係者の理解を得やすい手法**といえます。ただし、この手法により算定される株式価値は、その時点での清算価値に近く、事業継続は前提としていない点にご留意ください。

　この留意点をふまえ、修正簿価純資産に、事業継続を前提としたのれんを計上する評価手法を採用することもあります。なぜなら、恣意性の入りやすいDCF法や類似会社比較法より信頼性が高い純資産をベースとして価格を検討したいからです。中堅・中小企業の案件ではよく採用される手法になります。のれんの考え方はさまざまですが、筆者の経験上、対象会社の営業利益の3〜5年分がよく採用されています。ベースとなる営業利益も過去数年間の実績平均を採用する場合、過去実績と将来計画の数年間の平均を採用する場合、将来計画の数年間の平均を採用する場合等さまざまです。

Q.41 類似会社はどのように選定するのか

A 類似会社をスクリーニングする際のポイントとしては、**網羅的に幅広く抽出した後、絞り込んでいく**ことです。

対象会社と同じ事業構成・事業エリア、また、同程度の規模・財務構成の企業は見つからないことがほとんどです。また、恣意性を排除しなるべく客観的な評価を実施するためには、選定において企業の抜けもれをなくす必要があります。初期段階ではある程度幅広く抽出することが重要です。

そのために、まずは評価対象会社の詳細を把握する必要があります。具体的には、非上場企業の場合には、会社パンフレットや企業web等でその対象会社の所属業界、事業概要、ビジネスモデル、製品、売上セグメント（それぞれの割合）等を把握し、決算資料や試算表で直近の財務数値を確認します。また、上場企業の場合、有価証券報告書や決算発表資料等により財務数値や会社状況等を把握します。

対象会社の詳細をある程度把握したうえで、選定（スクリーニング）を開始します。スクリーニングを実施する際には、各種のデータベースを使用し、**対象会社と同じ業種分類に帰属する上場企業**を選定します。まったく同じ業種分類に帰属する上場企業がない場合や、絞り込んだ結果として2～3社等少数となった場合は、対象会社のビジネスモデル等を勘案し、業種分類を広げて再選定を行います。

上記のスクリーニングで抽出した類似会社から、さらに対象会社との**事業内容（製品、サービス等を含みます）、企業規模、商流（バリューチェーン上の位置づけ）**を比較し、絞り込みをかけていきます。類似会社のセグメント情報等を確認し、対象会社と類似の事業を主力事業としているかどうか等が判断の軸となります。

その他の考慮要素として、類似会社の**財務数値**および**株価**が安定している

図表Ⅲ-2　類似会社のスクリーニング

かどうかを考慮する必要があります。たとえば、類似会社が直近の事業年度に損失を計上しており、その影響を受けて業績予想が低く見積もられている場合等は、類似会社から外すことも検討する必要があります。また、直近株価が乱高下している場合にも、長期安定的な株価が形成されているとは言いがたいため、類似の選定にあたっては除外を検討する必要があります。一方、取引がほとんどなく、株価が一定期間安定している会社も市場で株価が適正に評価されていない可能性があり、その場合、除外を検討する必要があります。

　以上の過程を経て、最終的には3～10社程度は類似会社として選定できるようなスクリーニングが望ましいといえます。ただし、これもケースバイケースであるため、類似会社の数にこだわる必要はありません。実務では、以上のスクリーニングの過程から複数の基準で類似性が非常に高いと判断した企業が存在する場合、少数の類似会社に限定することもあります。一方、そこまで類似性が高い企業が見つからない場合、なるべく多数の企業を類似会社として組み入れることで、それらの企業のマルチプルのばらつきを平均化します。

Q42

割引率はどのように算定するのか

A

　DCF法では**WACCを割引率**として用いることが一般的です。WACCとは、**株主**および**債権者**が要求する利回り（資本コスト）を、株主資本比率と負債比率で加重平均したものです。WACCの算定式は以下のとおりです（E（Equity）は株主資本や株式時価総額、D（Debt）は有利子負債の総額を用いることが一般的です）。

　ただし、評価対象会社が長期的に有利子負債を必要としないと見込まれる場合、あるいは評価対象会社の類似会社の負債比率の平均値（中央値）が0に近い場合には、Dを0と置き、**割引率を株主資本コストとする場合もあります**。

$$WACC = 株主資本コスト \times \frac{E}{D+E} + 負債コスト \times (1 - 実効税率) \times \frac{D}{D+E}$$

1　株主資本コストの算定

　株主資本コストは株主が企業に要求する利回りのことです。実務上は、**CAPM（Capital Asset Pricing Model）理論に基づき算定**します。CAPMは以下の式のとおりです。

　　株主資本コスト＝無リスク利子率＋β×市場リスクプレミアム

　無リスク利子率とは、安全資産に対して投資家が要求する利回りのことです。実務上は、取引量が多く市場環境を最も織り込んでいるとされる10年物国債の利回りを用いることが多いようです。

　市場リスクプレミアムとは、マーケットポートフォリオ（TOPIX等）の期待利回りから無リスク利子率を減じて算出します。言い換えれば、投資家が

株式というリスク商品に投資する見返りに、追加で要求する利回りであると解釈できます。実務上は、市場リスクプレミアムを5〜6％に設定しています。当然、市場環境の変化に伴い、市場リスクプレミアムは定期的に見直します。

βとは、ある上場企業の株価がマーケットポートフォリオの指数と比較して、市場環境の変化に対してどの程度敏感に反応するかを示した指標です。上場企業の株価変動率とマーケットポートフォリオの指数変動率について回帰分析を行うことで、β（直線の「傾き」）を算定します。なお、近年ではデータベース等を用いて簡単にβを取得することが可能です。

DCF法で株式価値を算定する際に用いるβは、評価対象会社と事業内容、事業エリア、規模、財務構成等が類似した企業のβの平均値（中央値）を採用することが一般的です（類似会社の選定の方法については、【Q41】をご参照ください）。ただし、市場で観測されるβは、各企業の資本構成に応じたリスクを反映している**レバードβ**であるため、上記リスクの影響を取り除いた**アンレバードβ**（100％株主資本のみで資金調達が行われたと仮定した場合のβ）に変換したうえで平均値（中央値）を算出する必要があります。その後、評価対象会社や類似会社の資本構成に基づき、上記で算出したアンレバードβの平均値（中央値）を再度レバードβに変換することで、資本構成に応じたリスクを再反映します。なお、アンレバードβとレバードβの変換公式は以下のとおりです（E、DはWACCの算定式と同様です）。

$$\text{アンレバード}\beta = \text{レバード}\beta \div \left(1 + (1 - \text{実効税率}) \times \frac{D}{E}\right)$$

$$\text{レバード}\beta = \text{アンレバード}\beta \times \left(1 + (1 - \text{実効税率}) \times \frac{D}{E}\right)$$

そのほか、評価対象会社が中堅・中小企業である場合、一般的に大企業よりもリスクが高いと判断し、CAPMで算出された株主資本コストに**小規模リスクプレミアム**（数パーセント程度）を加算することがあります。

2 負債コストの算定

　負債コストは債権者が企業に要求する利回りのことであり、借入金の金利や社債の利回りに相当するものです。負債コストの算定方法としては、評価対象会社の**格付および社債スプレッドから算定**する方法と**過去の有利子負債に対する支払利息および有利子負債残高から算定**する方法があります。

　前者の方法は、評価対象会社が格付機関（Moody's、S&P、JCR、R&Iほか）から格付を取得している場合、同格付における社債スプレッドに無リスク利子率を加算して負債コストを算定します。

　後者の方法は、評価対象会社の支払利息を有利子負債残高（一般的には期中残高（期初残高と期末残高の平均値）とします）で除すことで、負債コストを算定します。この方法は、格付を取得していない企業であっても、過去の財務諸表の内容を基に簡単に算定できますが、現時点での市場環境や評価対象会社の信用力を考慮できていない点については留意が必要です。

　また、負債コストは借入金や社債に対する利息の支払いであるため、株主資本コストと異なり税務上損金算入することができます。したがって、負債コストに実効税率を乗じた金額分だけ税金の支払いが減少します（**節税効果**）。この節税効果について、WACC上は負債コストに（1 − 実効税率）を乗じることで考慮します。

2 採用される手法（案件特性別）

Q 43

Valuationではどの手法を用いるのが最も正しいのか

A

1 企業価値評価手法とは

実務上よく用いられる評価手法は**DCF法、市場株価法、類似会社比較法、修正簿価純資産法**の4つです。

上記以外にも評価手法は存在しますが、実務上は上記の評価手法を用いてそれぞれの価値を算定し、ある程度の価格感を把握することが一般的です。

2 評価手法の選定とは

結論からいうと、絶対的に正しい評価手法は存在しません。**買手や売手の立場・考え方、その時の評価対象会社が置かれている状況等により、どの手法を重視するかが変わる**からです。

たとえば、上場企業の場合、適正な市場が形成されているという前提であれば、最も客観的な評価手法は市場株価法ということになります。しかし、実際のM&Aにおいては市場株価そのままで取引されることはほとんどありません。評価対象会社に将来の成長性が確実に見込めると考え、それが事業計画に反映されているということであれば、DCF法の結果が重視され、市場株価に一定のプレミアムが上乗せされることもあります。逆に、たまたまいまの業績が好調なだけであり、同業他社と比較して割高な株価になっていると考えるのであれば、類似会社比較法の結果が重視され、市場株価から

ディスカウントされることもあります。上記は一例であり、当然実際にはさまざまな要因で重視する評価手法が変わることになりますが、上場企業の場合には多くの投資家の考えを反映した市場株価が存在するため、一定の価格目線があるともいえます。したがって、DDにおいて重要な発見事項がある場合等を除けば、交渉上大きく価格目線が乖離することは少なくなります。

　一方、評価対象会社が非上場企業の場合には、市場株価が存在せず、評価の考え方もさまざまであるため、大きく目線が乖離することも少なくありません。

　ここで、筆者が経験した、大きく目線が乖離した実際の非上場企業の事例を紹介したいと思います。

　ある株式譲渡案件において、売手としては将来の事業の成長がほぼ確実に見込めると考えていたため、DCF法での評価結果を重視していました。しかし、買手としては将来の成長は見込めるものの、100％の確証はなく、そもそも企業が永久に存在するかもわからない中、DCF法の永続価値という概念がどうしても納得できませんでした。そのため、買手はDCF法の評価結果をまったく考慮せず、修正簿価純資産法の評価結果に将来の事業計画で想定している5年分程度の営業利益を加算した価格で取引したいと主張したのです。その価格は売手の想定する価格目線の6～7割程度の金額であり、両企業の目線に大きな乖離がありました。

　この案件では、売手に後継者問題等で事業継続が困難かつ体調面の不安から早期の売却を希望しているという弱みがあったため、パワーバランスが対等ではありませんでしたが、将来の成長が見込めるという部分においては、両企業とも見解が一致していました。DCF法を重視することには一定の合理性があったため、売手の主張を買手が斟酌した結果、売手の想定価格目線には届かないものの、当初の提示額より上乗せした金額で成約することとなりました。パワーバランスを考慮すれば、売手の主張に合理性がなかった場合には、買手の当初提示額に近い金額での成約となっていたかもしれません。

このように、さまざまな要因や考え方により重視される手法が変わることになりますが、結局のところいちばん大事なのは、**その手法を重視した理由が交渉相手方や社内の決定権者に論理的に説明でき、納得させられるか否か**ということです。上記の非上場企業の実例のように、必ずしも論理性だけで最終価格が決定されるわけではありませんが、少なくとも交渉上は論理性が高いほうが有利になります。そのため、安易に自社の価格目線に近い手法を主張するのではなく、各手法での試算結果が出た段階で、現在の状況に照らしてどの手法が最も論理的に説明でき、どうすれば自社の価格目線に近い価格で相手方を納得させられるのか、M&Aアドバイザーを交えてしっかりと議論することが必要です。

Q44

案件特性別（上場、非上場、ファンド、再生案件）に採用されやすい手法はどれか

A

1 上場企業が買収を行う場合に採用されやすい手法とは

上場企業が買収を行う場合には、**市場株価法、DCF法、類似会社比較法を採用して総合的に判断**することが多くなります。上場企業であれば、株主や役員、取引先も含めて利害関係者が非常に多岐にわたり、説明責任がともなうため、各手法の結果を勘案したうえで、総合的に多角的に判断したという事実が重要となります。そのため、株主総会や取締役会でだれもがある程度の納得感を得られる価格に落ち着くことが多く、リスクをとらない無難な価格となる場合が多いといえます。

もちろん、競争相手が多く、非常に魅力的な企業を買収する場合や、トップの意向が強く反映されるような企業文化をもつ企業であれば、資本力も大きいため、非常にアグレッシブな価格となることもありえます。

また、中堅の上場企業が買収を行う場合によく話に出るのが、**純資産＋営業利益5年分**です。買収後に連結対象となる場合、買収価格と対象会社の純資産の差額がのれんとなり、通常、5年で償却していくことになります。定量的な早期シナジーの実現が見込めない場合、のれんの償却負担が対象会社の営業利益を上回らないことが基準となります。

2 非上場企業が買収を行う場合に採用されやすい手法とは

非上場企業が買収を行う場合の採用手法は、その非上場企業の**企業文化に大きく左右される**といえます。たとえば、オーナー系企業でトップの意向が

絶対という文化であれば、そのオーナーが納得する方法が採用される手法ということになります。逆に、非上場企業であっても、取締役会等がうまく機能しており、さまざまな意見が出てくることが想定される場合には、上場企業と同じように各手法の結果の総合的判断によって価格が決まることもあります。

3 ファンドが買収を行う場合に採用されやすい手法とは

ファンドが買収を行う場合には、ファンドの性格にもよりますが、基本的には将来的なキャピタルゲインを見越して、対象会社の将来の成長性、収益性を重視するため、**DCF法が重視**される傾向にあります（もちろん市場株価法、類似会社比較法の数値も算定します）。ただし、ファンドの利益に直結することから、DCF法の基となる事業計画に対しては非常に厳しい目でみてくることが多く、しっかり練られた計画でなければ厳しい価格提示になることもしばしばあります。

4 再生案件の場合に採用されやすい手法とは

債権カットをともなわない再生案件の場合、事業に魅力があるのであればDCF法等により将来の収益性を見込んでの評価となることもあります。しかし、対象会社を救済するような案件となる場合には、**修正簿価純資産法での評価または有利負債を引き継ぐことを前提に備忘価格（1株1円）での評価**となる場合があります。

Q.45

初期的に簡単なValuationを実施したい場合は、どの手法が採用されるのか

A

1 初期的なValuationの際に採用される手法とは

　初期的なValuationの際には、どのような資料が入手できるかにもよりますが、実務上よく用いられる評価手法は**類似会社比較法**です。類似会社比較法を用いる場合には、類似会社を選定したうえで、その類似会社のEBITDA倍率等を算出し、対象会社の財務数値を当てはめれば、おおよその評価が可能となります。初期的にはおおよその財務数値が入手できている場合が多く、事業計画等がない場合でも評価が可能であるため、類似会社比較法が用いられるのです。

　ただし、対象会社の事業概要等がしっかり把握できていない場合には、正確な類似会社の選定が行えない点には注意が必要です。

　また、**財務諸表が入手できている場合**には、**最低限の価格**として、**修正簿価純資産法**でも評価がなされる場合があります。B/S計上項目上、時価評価が必要になりそうな項目が少ないのであれば、純資産の価格がほぼそのまま最低限下回ってはいけない価格の目線となります。

　以上が初期的なValuationで採用される手法となりますが、あくまで案件の検討を進めるか否かの初期的な判断を行ううえでのValuationであるため、最終的な評価ではないという点は念頭に置いておく必要があります。

3 税務上の評価手法と相違点

Q46

M&Aの際に税務上の評価手法は利用するのか

A

1 税務上の評価手法とは

 非上場株式の税務上の評価手法とは、通常、財産評価基本通達に規定する取引相場のない株式の評価額（相続税評価額）を算定する手法のことを指しており、具体的には**3つの評価手法**があります。

 図表Ⅲ－3以外にも特例的な評価手法は存在しますが、通常、会社の規模に応じて上記の評価手法もしくは上記を組み合わせた評価手法を用いて算定することが一般的です。

2 契約金額と税務上の評価金額の関係性とは

 結論からいうと、**M&Aの際に、税務上の評価手法が用いられることはあまりありません。**

 税務上の評価手法は、親族内等での株の取引や相続、贈与が発生した場合に用いる評価手法です。税務上の評価手法は、租税公平主義の原則に基づき、いかに各納税者から公平に租税できるかに重点を置いて考えられた計算式であるため、課税の明確化を優先した結果、企業の実態価値を反映するという点では、あまり理論的な根拠がともなわない評価手法になっています。

 なお、株式の評価を通常M&Aのアドバイザリー業務に従事していない顧問税理士にお願いした場合、税務上の評価手法が採用されてしまうことがあり

図表Ⅲ-3　税務上の評価手法

税務上の評価手法	各手法の主な特徴
1　類似業種比準方式	・評価対象会社と事業内容が類似する業種目に属する複数の上場企業の株価の平均値に、評価対象会社と類似業種の1株当たりの配当金額、1株当たりの年利益金額、1株当たりの純資産価額の比準割合を乗じて算定する手法
2　純資産価額方式	・財産評価基本通達の規定により評価された評価対象会社の資産および負債を基に算定する手法
3　配当還元方式	・評価対象会社が株主に対して支払う配当金の額を基に算定する手法

ます。外部の専門家に評価をお願いする場合、その目的をふまえて適切な専門家に打診することが必要になります。

なお、M&Aにおける契約金額が、税務上問題になることがないか議論になることがありますが、利害関係者でない第三者間による交渉の上に成り立った契約金額は、租税回避することを目的とした恣意性が介入されにくく、市場評価が適正なものとして取り扱われることになるため、基本的には税務上問題視されることはありません。

ただし、稀に、利害関係者間でのM&A取引の場合で、不相当に契約金額が高額もしくは少額である場合には、実質的に寄付や贈与行為とみなされて税務リスクが生じる可能性があるため、専門家に相談することをお勧めします。

4 買手における検討ポイント

Q 47

各手法の計算上、価値へのインパクトが最も大きな項目は何か

A

1 DCF法での価値へのインパクトが大きい項目とは

　DCF法で算定される価値の大部分を占めるのが、**ターミナルバリュー**です。ターミナルバリューとは、企業が永続的に活動するという考えのもと、事業計画の計画期間終了後も企業が永続的にキャッシュフローを生み出すと考え、その計画期間終了後に生み出されるキャッシュフローを基に算定した価値のことです。

　DCF法で算定される事業価値は事業計画期間のFCFの合計額とターミナルバリューの合計となりますが、このうちターミナルバリューが占める割合

図表Ⅲ−4　ターミナルバリュー

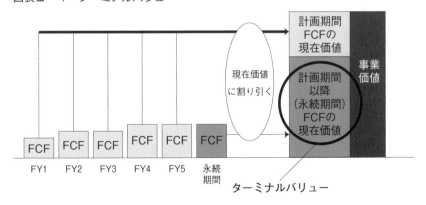

Ⅲ　Valuation　127

図表Ⅲ-5　事業価値の算定、感応度分析

[前提条件]

FY2からFY5の成長率	3.00%
WACC（中央値）	9.00%
採用レンジ±	1.00%
永久成長率（中央値）	0.00%
採用レンジ±	1.00%

[計画期間（FY1～FY5）と計画期間後（FY5以降）のFCFの算定]

(単位：千円)

			FY1	FY2	FY3	FY4	FY5	FY5以降
営業利益（EBIT）			17,000	17,510	18,035	18,576	19,133	19,133
法人税等 35.00%		(−)	5,950	6,129	6,312	6,502	6,697	6,697
NOPLAT（みなし税引後営業利益）			11,050	11,381	11,723	12,074	12,436	12,436
減価償却費		(+)	3,000	3,000	3,000	3,000	3,000	3,000
運転資本の増加額		(−)	200	206	212	219	225	
設備投資額等		(−)	3,000	3,000	3,000	3,000	3,000	3,000
FCF			10,850	11,175	11,511	11,855	12,211	12,436
割引係数			*0.917*	*0.842*	*0.772*	*0.708*	*0.650*	
FCFの現在価値			9,949	9,409	8,886	8,394	7,937	

計画期間のFCFの現在価値合計	44,575
FY5以降のFCF	12,436
ターミナルバリュー	138,178
割引係数	*0.650*
ターミナルバリューの現在価値	89,816
事業価値	134,391

[事業価値の感応度分析]

　　　　　　　　　　　　　　　　永久成長率　　　　　　　　(単位：千円)

		−1.00%	−0.50%	0.00%	0.50%	1.00%
W A C C	8.00%	138,951	144,929	151,654	159,277	167,987
	8.50%	131,366	136,613	142,478	149,075	156,553
	9.00%	124,602	129,239	<u>134,391</u>	140,150	146,629
	9.50%	118,459	122,576	127,127	132,184	137,836
	10.00%	112,923	116,600	120,646	125,117	130,085

は筆者の経験上6～7割となります。この割合はFCFやWACC等の数値により、さらに大きくなることもあります。そのため、このターミナルバリューの変動が、最も価値へのインパクトを与えると考えられます。

ターミナルバリューの算式上、**事業計画最終期間の翌年度の予想FCF**と**WACC**が変動要素になりますが、どちらも少しの数値の変化で大きな影響を与えるので、慎重な検討が必要となります。

FCFに関しては、永久成長率を0％とし、事業計画最終期間の数値をそのまま横置きしてターミナルバリュー算出の基礎とする場合も多くありますが、過去のFCFの変動等を考慮し、過年度の平均数値等とすることも選択肢としてありえます。

WACCについても、さまざまな算出方法があるため慎重な検討が必要となります（WACCの算出方法については、【Q42】をご参照ください）。

最終的には感応度分析（永久成長率やWACCの数値を一定の範囲で変動させて数値を算定）を実施し、価値はレンジで評価されますが、基礎となる数値を慎重に検討することは重要です。

2 類似会社比較法での価値へのインパクトが大きい項目とは

類似会社比較法においては、**倍率の設定**とその**設定された倍率に掛け合わせる数値**（事業計画期間1年目または2年目のEBITDAの数値等）で価値が変動します。

事業計画を精査し、掛け合わせる数値が正しいのかという検証も当然重要ですが、倍率の設定は類似会社の平均値や中央値とする場合が多いため、どの類似会社を選定するかということや、倍率の平均値や中央値の算出の際にどの程度の数値を異常値として除外するかということも慎重に検討する必要があります。

3 修正簿価純資産法での価値へのインパクトが大きい項目とは

修正簿価純資産法では、基本的には時価評価する項目の性質によります

が、大きな影響が出やすいものとしては下記の項目があります。
(ア) 過去に取得した時点から評価替えを行っていない土地等の固定資産の時価評価
(イ) 重要な子会社等がある場合の子会社株式の時価評価
(ウ) 資産除去債務、退職債務等の簿外債務の計上

　その他、投資有価証券や、滞留債権、滞留在庫の存在により評価が大きく変動する可能性がありますので、注意が必要です。

Q.48

修正簿価純資産法において、将来の利益を上乗せする場合、何年分が適正か

A

1 なぜ将来の利益を上乗せするのか

そもそも修正簿価純資産法は、企業が現在保有している資産負債を時価評価した手法で、その時点でその企業を清算した場合に、どの程度の現金が残るのか簡便的に算出した結果になります（実際の清算価値には、資産の早期売却コスト、弁護士費用等の清算コストを考慮する必要があり、修正簿価純資産より減額されることがほとんどです）。そのため、修正簿価純資産法で算定された金額をそのまま買収価格とすることは、**将来の収益性をまったく見込んでいない**という意味で、売手にとってはなかなか納得できるものではありません。売手にとっては、企業が存続し、場合によっては役員や従業員として報酬を得られる可能性があるという点等を除いては、現時点で清算することとほぼ同義だからです。

そのため、修正簿価純資産法は、客観的な数値として非常にわかりやすいという長所がありつつも、将来の収益性を見込む方法として、DCF法や類似会社比較法がよく採用されます。

ただし、DCF法では企業が永続的に存在する前提を置いているので、ファイナンスを勉強していない方にとっては、計算が複雑でわかりにくいという欠点があります。同様に、類似会社比較法では、対象会社の事業構造と100％一致する上場企業はほとんどないにも関わらず、類似会社として選定された上場企業の数値を基に算定を行うことになるため、本当に算定された数値が正しいのか疑問をもってしまうという欠点があります。

上記のような各手法の特徴に鑑み、修正簿価純資産法とDCF法、類似会社比較法の折衷案のようなものとして、修正簿価純資産法で算定された金額に、将来対象会社が生み出すであろう何年分かの利益を上乗せした金額で取引が行われることがしばしばあります。

　企業が永続的にFCFを生み出し続けられるかは不確定要素が非常に多いですが、数年間程度のFCFであれば想定できる水準と考える買手も多く、また計算方法も非常にわかりやすいため、中小企業のM&Aの際に用いられることがあります。

2 将来の利益を上乗せする場合、何年分が適正か

　結論からいうと、**絶対的な適正年数は存在しません**。筆者の経験上、3～5年が多い印象ですが、しっかりとした根拠はありません。無理やり根拠を求めるとすれば、税法上の営業権の償却期間である5年以内で設定される場合が多いというぐらいのものです。

　結局のところ、投資回収できるのがどれぐらい先になるのかということや、企業の目標とする内部収益率やROIがどの程度かにより、上乗せされる年数が変動するので、買手がどの程度のリスクをとれるかということに影響を受けるといえます。

　また、対象会社の業種や特色により、利益の変動が大きい場合は、リスクが大きいと考えられるため、上乗せされる年数は短くなる傾向があります。逆に安定的に収益が見込める業種の場合は、上乗せされる年数が長くなる傾向があるといえます。

　先入観にとらわれず、自社の投資スタイル等を勘案し、受け入れることができる範囲で適正な年数を当事者同士で協議することが重要です。

Q49

DDにて発見・報告された項目はValuationにどのように反映すればよいか

A

1 DDにて発見される項目にはどのようなものがあるのか

DDが実施される主な分野は、(ア)財務・税務DD、(イ)法務・労務DD、(ウ)ビジネスDDがあげられます。筆者の経験上、各分野にてよく発見・報告事項としてあがる項目（Valuationに影響する可能性がある項目）は下記のとおりです。

(ア) 財務・税務DD

① 過去の期間における正常収益力（無駄な経費等を削減した場合の収益力）
② 滞留債権・滞留在庫に関する評価減
③ 簿外負債の存在（退職給付に係る負債、資産除去債務等）
④ 固定資産等の含み損益の存在

(イ) 法務・労務DD

① 係争中の訴訟に関する偶発債務
② 賃貸借契約等の契約に関する解約にともなう偶発債務（解約違約金等）
③ 従業員の未払残業代の存在

(ウ) ビジネスDD

① 事業計画の修正（設備投資額の過不足、人員計画の過不足等も含む）
② シナジーの推計

Ⅲ　Valuation

2 発見・報告項目のValuationへの反映方法とは

まず、DCF法への反映を考えた場合、発見・報告項目を分類すると、大きく**事業計画そのものに影響がある項目、発生時期が推測できFCFの算定に反映できる項目、発生時期・発生可能性が不明でありFCFの算定に反映できない項目**に分かれます。

事業計画そのものに影響を与える項目は、「**1**(ア)① 過去の期間における正常収益力（無駄な経費等を削減した場合の収益力）」「**1**(ウ)① 事業計画の修正（設備投資額の過不足、人員計画の過不足等も含む）」および「**1**(ウ)② シナジーの推計」があげられます。

「**1**(ア)① 過去の期間における正常収益力（無駄な経費等を削減した場合の収益力）」については、たとえば決算書よりも正常収益力が高いと判断されれば、仮にビジネスDD等で事業計画にネガティブな項目が発見されたとしても、収益力と相殺できると判断され事業計画は修正されない可能性があり、そういう意味では事業計画に影響を与えるといえます。このような**事業計画に影響を与える項目**が発見された場合、単純に**DCF法での算定の基となる事業計画を修正**することになります。

また、**発生時期が推測できFCFの算定に反映できる項目**は、事業計画上のP/L等に反映して、FCFの算定上考慮するかたちで反映させます。

逆に、**発生時期・発生可能性が不明でありFCFの算定に反映できない項目**については、**発生しうる債務を数値化したうえで負債の項目として認識しValuationに反映させる方法**か、**Valuationには反映させず、契約書にて発生した場合の損害賠償条項等を規定する方法**があります。筆者の経験上、数値化する場合に発生可能性等の見積もりの段階で恣意性が入ってしまうため、後者の契約書で対応する場合が多くなります。

次に、類似会社比較法では、上記で事業計画の修正等が行われれば、結果的に倍率に掛け合わせる数値が変更され、Valuationに反映されることになります。

最後に、修正簿価純資産法への反映は、B/S上の資産負債の金額を変動させるかという観点で考えた場合、変動させうる項目については反映し、純資産を算定することになります。

Q 50 適正価格で対象会社を買収するにはどうしたらよいか

A

1 入札方式の売却案件に参加する場合

　適正だと考える価格より高い価格で対象会社を買収することを高値掴みといいますが、高値掴みをしがちな状況として、入札方式の売却案件に参加する場合があります。

　入札方式の売却案件では競合他社が存在するため、入札金額によっては、次のステップに進めない場合もおおいに想定され、適正だと考える価格よりも高い価格で入札することもあります。最初の入札時は法的拘束力が求められていない場合がほとんどであるため、高い価格で入札し、その後DDを経て大きく価格を下げて、自社が適正だと思う価格で最終契約時に提案する方法も考えられます。しかし、大きく価格を下げた場合、確実に売手との軋轢が生じ、案件がブレイクする可能性もおおいにありうるため、慎重に検討する必要があります。

　このような状況を避けるためには、そもそも最初から**ほかに競合先がいない状況をつくり、相対での交渉を行う必要があります**が、入札形式の売却案件に参加する以上、売手に主導権があるためむずかしくなります。

　そのため、自社の事業拡大に向けての明確なビジョンがあるのであれば、売却案件の持込みを待つのではなく、**プレM&A**等を実施し、最初から相対での交渉となるよう買手から仕掛けていくこともできます。

2 シナジー分の上乗せの検討を行う場合

　価格交渉の際に、シナジー分も見込んで価格を上げてほしいという話が売

手から出てくることがよくあります。このような要求をしてくること自体はおかしなことではなく、シナジーで利益の増加が見込めるのだから、多少は上乗せしてほしいという要望は理解できます。本来的にはスタンドアローンで評価した場合の価値がその対象会社の価値ではありますが、買手と一緒になることにより生み出されるシナジーは、両企業の経営資源を活用してはじめて生み出されるものであるため、売手にも貢献している部分はあると考えられます。

　ただし、シナジーを確実に生み出せるかは不透明な部分も少なくない場合が多く、生み出せない場合のリスクを負うのは買手です。また、そもそもそのシナジー分が買収するメリットであることから、必然的に売手に帰属する部分は少なくなります。買手として買収を円滑に進めるためにも、確実にシナジーが見込める部分については、多少の価格上乗せを検討する余地はあります。ただ、高値掴みにならないためにも、**不透明なシナジー分については慎重に検討**することが重要です。

Q 51

売手が提示してきた事業計画を信用してもよいか。提出された事業計画についてどのように検証すればよいか

A

1 事業計画を信用してもよいか

　提示された事業計画を無条件に信用すべきではありません。ただし、提示された事業計画が確実に間違っているということでは当然ありません。事業計画というものは、信用するしないの話ではなく、正しいのか検証すべきものだからです。

　そもそも事業計画というものは、トップダウン方式、ボトムアップ方式等企業によってその作成方法が異なっており、中小企業では作成していない場合も多く、売却のために急造することも多々あります。さらに、作成担当者の性格や環境にも影響されます。

　上記のように考えれば、事業計画はDCF法等の算定の基礎になる重要なものであるため、当然**無条件に信用することは避け**、どのように**作成されているのかインタビュー等を通じて売手または対象会社に確認**しながら、計画内容を慎重に検証することが重要になります。

2 事業計画をどのように検証するのか

　検証作業は、**事業計画を作成した経営者や実務担当者からのインタビューの回答を基に実施**することになります。まずは、その事業計画がどのような方法で、どのような思想により、どのような事実を根拠として作成されたかを把握する必要があります。そのうえで、インタビューで得た回答を自社がもっている情報等に照らした場合、納得できるか否かを判断し、事業におけ

る**キードライバーの見極め**や**リスク評価**を行っていくことになります。判断するための情報が十分にないのであれば外部情報を調査する必要もあります。

　判断するための情報の視点としては、売上等の収益面では外部マクロ環境、市場動向、競合他社等の競争環境等、経費面では、対象会社の事業概要やバリューチェーンの内容、システム・人員等のビジネスインフラの内容等といったものがあげられますが、その他にもさまざまなものがあります。同業他社を買収するのであれば、自社内にさまざまな情報があるので効率的に判断できる場合が多いと思いますが、まったくの異業種の買収であれば、自社内に情報がない場合が多いので、ビジネスDDを実施してくれる外部のコンサルティング会社等の協力を得ることも検討する必要があります。

　上記プロセスを経て、さまざまな内容を自社の納得できる数値に修正していったものが修正事業計画となり、その計画を基に最終的な買収価格を算定します。

　なお、案件によっては、金融機関からの資金調達も必要になりますが、その場合もこの修正事業計画をベースとして交渉していくことになります。

Q52 M&A後のシナジーを考慮した事業計画はどのように作成すればよいか

A

1 シナジーを考慮した事業計画をなぜ作成するのか

　買手がシナジーを考慮した事業計画を作成する目的は、大きく分けて、(ア)**社内外のステークホルダーに本件の買収意義を説明**するため、(イ)**将来的にどの程度の企業価値の上昇が見込めるのか把握**するため、の2つが考えられます。

　(ア)については、買収対象会社単独の場合の事業計画とM&A後シナジーを考慮した場合の事業計画を比較することにより、どれだけの利益の増加が見込めるのか、数値として説明することが可能となります。よって、社内外のステークホルダーに対して説明がしやすくなります。

　(イ)については、シナジーを考慮した場合の株式価値を算定しておくことにより、買手の提示価格が売手の売却価格目線と少し乖離があり、売手との交渉が難航した場合であっても、価格上乗せを行う余地があるか否かを判断する材料となります。安易に上乗せを行うべきではありませんが、対象会社が魅力的な企業で買手の買収意欲が高ければ、上乗せを検討すべき場合もあります。

　また、買手においてはシナジーを考慮した事業計画を作成したほうが検討の幅が広がりますが、売手においても買手の情報があって作成できるのであれば（推測せざるをえない部分も多々ありますが）、価格目線を買手に伝える際に多少強気に出られる場合があります。

　いずれにせよ、ある程度の情報が得られ、ある程度の蓋然性のもとシナ

ジー考慮後の事業計画が作成できるのであれば、作成しておくことには意味があるものといえます。

2 シナジーを考慮した事業計画の作成方法とは

シナジーに関しては、大きく分けて(ア)**売上等の収益面のシナジー**、(イ)**コスト削減等の費用面のシナジー**があります。

(ア)に関しては、**取引先の増加等により売上が増加した場合に、過去の傾向からどれだけの収益が増加するかを見積もる**ことが一般的です。ただし、収益化までには時間がかかることが多く、あくまで推測の域を出ないことが多いため、参考値とするか、保守的に最低限の増加を見込む場合がほとんどといえます。

一方、(イ)に関しては、**共同仕入によるコスト削減、重複する人員や事業所の削減**、その他**交際費等の不要な費用の削減**等、蓋然性の高い見積もりが可能で、実現のタイミングのイメージが想定されやすいため、シナジーを考慮した事業計画を作成する際には(イ)を考慮することがメインとなる場合が多くなります。

上記(ア)(イ)のシナジーを洗い出したうえで、蓋然性の高いシナジーだけを考慮したケース、蓋然性の高くないものも含めて考慮したケース等、複数ケースを作成し、さまざまな場合を想定して案件の検討を行うことが一般的です。

5 売手における検討ポイント

Q 53

事業計画・目標は高めに設定したほうがよいか。不利な情報等も事業計画にしっかり織り込むべきか

A

1 事業計画数値は高めに設定したほうがよいか

　事業計画を提示する主な目的は、売手が描く将来の展望を明らかにすることにより、買手に適切な株式価値を算定してもらうことにあります。他方、買手にとってもM&Aは影響の大きな事象でもあるため、時間が限られている場合や、非常に規模が小さくあまり影響がない場合等を除いて、提示された事業計画について慎重に検討を行うことが通常です。

　そのような検討が行われることを想定した場合、できるだけ高く売却したい売手として、計画数値を高めに設定しておきたい心理が働くのは当然ですが、売手としてもなんらかの根拠をもって事業計画の数値を説明できないと、何の根拠もなく感覚で事業計画を作成していると買手に判断され、提示した事業計画の信憑性自体が疑われることになります。

　上記のように考えた場合、売手としての最善策は、ある程度説明が可能な計画数値を高めることができる事象については、すべて事業計画に織り込み、あくまで**論理的に説明できる範囲で事業計画を設定**することです。そのうえで買手が各々の事象をどのように判断するかは、買手の性格によるとしかいえませんが、いずれにせよ論理的にしっかり説明できるかどうかということが重要です。

2 不利な情報も事業計画に織り込むべきか

　売手にとって売却価格を高くしたいという心理が働き、不利な情報は極力織り込みたくないと考えるのは当然です。しかしながら、そのような不利な情報を意図的に隠した場合は、M&A後にその事実が発覚し損害賠償請求が行われるリスクと、最終契約を締結する前に発覚した場合に、取引相手としての信用を失い、最悪の場合には案件がブレイクしてしまうというリスクがあります。

　発生する可能性が低いさまざまな不利な情報をすべて織り込んで説明することは、不要に買手の不安を煽ることになるためお勧めはできません。しかし、発生する可能性が高く重要な影響を及ぼす可能性が高い事象については、上記のリスクを取り除くためにも、**事業計画に織り込むか、織り込まないまでも開示のタイミングを検討**したうえで、**しっかりとその事象について買手に説明**しておくことが筆者の経験上重要です。

　結局のところ、M&Aとはいえ通常の取引関係と同じと考えた場合、お互いの信頼関係が重要なことはいうまでもなく、交渉を円滑に進めるために、不利な情報についてもしっかりと開示することをお勧めします。

Q 54

予測P/Lのみではなく、予測B/S、予測C/Fも作成したほうがよいか。投資計画・人員計画の作成も必須か

A

1 予測B/S、予測C/Fの作成は必須か

　事業計画上、いちばん重要なものはValuationに大きく関わる予測P/Lです。これが存在しないと買手は過去の財務諸表の傾向等から簡易な予測をして予測損益計算書を作成せざるをえず、正しい情報に基づいた株式価値評価が実施できないことになります。過去大きな変動がなく安定的な収益を計上し、今後も同様の傾向が継続する場合等を除いては、予測P/Lの作成は必須であるといえます。

　一方、予測B/S、予測C/Fを作成する主な意義は、作成された予測P/Lを正とした場合、資金繰り（運転資本の増減を考えた場合に資金不足が生じないかという観点も含みます）が今後も問題なく継続可能かを把握することにあります。

　Valuationの観点からいえば、FCFを算定するための**運転資本の増減額、設備投資額や余剰資金の把握に密接に関係**してくることになります。そのため、本来であれば予測B/S、**予測C/Fの作成は必須**といえます。しかし、売上や利益が安定的に推移し、今後売掛金の回収サイトや買掛金の支払サイトに大きな変更がない場合や、大規模な設備投資を予定していない場合等には、Valuationに大きな影響を与えないため、作成が必須ではない場合もあります。そのような場合でも、正確な情報を買手に提供できるという意味では作成したほうが望ましいことはいうまでもありませんので、作成することをお勧めします。

2 投資計画・人員計画の作成は必須か

　先ほどの予測B/S、予測C/Fと関連しますが、**投資計画については、今後大規模な設備投資等が計画されていない場合には、基本的には作成は必須ではありません**。作成されていない場合には、買手としては、インタビュー等で質問をするか、毎期減価償却分程度の更新投資があるものとみなしてFCFの算定を行うことが多くなります。

　また、**人員計画に関しては、今後も過去の人員と同程度で運営していくことが前提であるならば、作成は必須ではありません**。しかし、事業計画上大きく収益を伸ばしていくことを計画している場合は、あわせて人員計画も検討しておくことは重要です。過去には、収益が伸びる計画を立てているにも関わらず、その計画の達成に必要な人員体制の検討を行っておらず、計画した収益の達成のためには人員が不足していることが判明した計画も存在しました。

　その他、人数は変わらなくとも、年齢構成や人事制度の大幅な変更等、総額としての人件費に大きく影響を与える事項が予定されている場合にも、しっかりと人員計画を検討しておくことは、事業計画に信憑性を与える意味でも重要です。

6 買手、売手における検討ポイント

Q 55

株式価値算定書の取得は必要なのか

A

1 株式価値算定書を取得する場合とは

株式価値算定書（算定プロセス、前提条件、評価結果等を明らかにして、第三者算定機関が算定書として取りまとめた資料）を取得する場合は大きく下記の3つになります。

(ア) 取締役会決議等の意思決定の参考にする場合（取締役の善管注意義務、忠実義務を担保する目的）

(イ) 多くの利害関係者に説明する際に信憑性を得たい場合（統合比率や取引価格の妥当性を公正な第三者算定機関から算定書を取得することにより担保する目的）

(ウ) 取引所の適時開示基準等により法的に取得公表が求められる場合（MBOや親子間でのTOB等価格の妥当性の担保が特に求められる場合）

上記のうち、**株式価値算定書の取得が必須であるのは(ウ)のみ**となります。しかしながら、M&Aを行える買手はそれなりの規模になり、社内外に多数の利害関係者が存在するため、説明資料として(ア)および(イ)のために株式価値算定書を取得する場合が筆者の経験上多くなります。

一方、それなりの規模の売手の場合には上記の買手と同様ですが、オーナー企業等利害関係者が少ない場合には、株式価値算定の参考資料レベルのもので問題なく、算定書までは求められない場合が多くなります。

Q56 フェアネスオピニオンが必要なケースは、どのようなときか

A フェアネスオピニオンとは、M&A取引を実行する際に、取引価格や合併比率等の評価額や評価結果に至る会社の経営判断を、独立して公平な立場にある第三者がさまざまな視点から調査し、その公正性について意見表明を行うことです。米国においては、株主等による訴訟リスクに備え、経営者が取締役としての善管注意義務および忠実義務を果たしている旨を株主等に対して示す必要があるため、フェアネスオピニオンを取得することが定着しています。

一方、日本においてはそこまで広く定着していません。必要なケースとしては、**上場企業における大規模なM&Aを実施した場合**等が想定されます。実際、東京証券取引所の有価証券上場規定においては、大規模な第三者割当や支配株主との取引等に該当する場合には、独立の第三者の意見を求めており、この第三者の意見はフェアネスオピニオンをもって代替することができますが、第三者委員会を設置している事例が多くなっています。現在、日本版スチュワードシップ・コードの公表にみられるように、日本企業のコーポレートガバナンス強化が図られています。そのような中で、株主に対する責任を全うする目的から、今後フェアネスオピニオンの取得がふえてくるかもしれません。

なお、依頼する専門家にもよりますが、フェアネスオピニオンは株式価値算定書と内容はそれほど相違しないものの、その責任等から相当程度費用が高くなる傾向があります。

案件の種類

1 買収案件

Q 57

株式譲渡で企業全体ではなく、シナジーの見込まれる「ある事業のみ」を買収したい。どのようなスキームがあるのか

A 企業全体ではなく一部の事業を買収する場合のスキームの選択肢としては、主に事業譲渡と会社分割の2つが考えられます。

1 事業譲渡

事業譲渡とは、ほかの企業に事業の全部または一部を譲渡する取引のことをいいます（会467条〜470条、図表Ⅳ−1）。

重要な一部の事業を譲渡する場合は譲渡会社において、事業の全部を譲渡する場合は譲渡会社と譲受会社の両企業において、株主総会での特別決議が必要になります。ただし、以下に述べる簡易事業譲渡・譲受または略式事業譲渡・譲受に当てはまる場合は、株主総会を省略できます。

(ア) 簡易事業譲渡・譲受

① 譲渡会社は、事業の全部または一部の譲渡において、譲渡する資産の帳簿価額が、譲渡会社の総資産額（会施規134条）の5分の1を超えなければ、株主総会を省略できます（会467条1項2号）。
② 譲受会社は、譲渡会社の事業の全部の譲受において、譲渡会社に交付した対価が、譲受会社の純資産額（会施規137条）の5分の1以下の場合、株主総会を省略できます（会468条2項）。

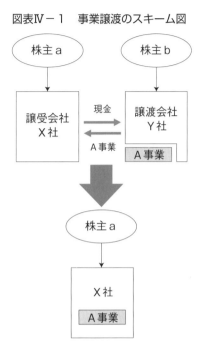

図表Ⅳ-1　事業譲渡のスキーム図

(イ) **略式事業譲渡・譲受**

① 譲渡会社は、事業の全部または一部の譲渡において、総株主の議決権の90％以上を譲受会社が保有している場合に、株主総会を省略できます（会468条1項）。

② 譲受会社は、譲渡会社の事業の全部の譲受において、総株主の議決権の90％以上を譲渡会社が保有している場合に、株主総会を省略できます（会468条1項）。

2 会社分割

事業譲渡と並んで多く利用されているのが会社分割です。会社分割とは、事業に関して有する権利・義務を分割して他の企業に承継する手続のことを

図表Ⅳ－2　会社分割のスキーム図
[分社型新設分割＋株式譲渡]

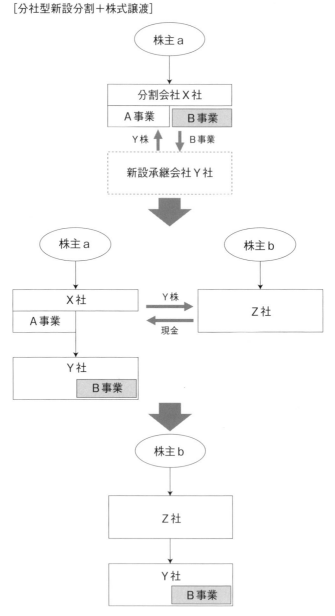

[分社型吸収分割（現金対価の場合）]

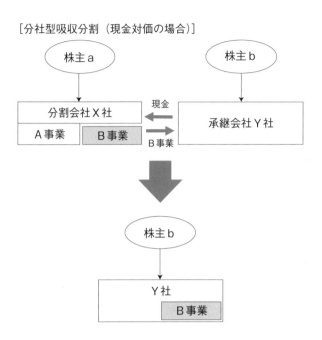

[分割型新設分割＋株式譲渡]

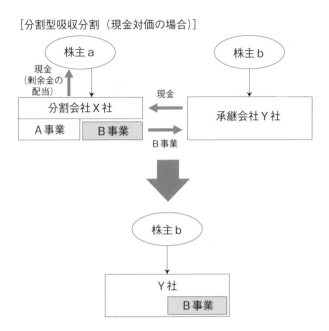

いいます(会757条〜766条)。

会社分割は、図表Ⅳ－2の4パターンに大別されます。

事業を切り出す会社(分割会社)が、事業の承継を目的に新設した会社に、事業を承継する場合を**新設分割**(会762条〜766条)、一方で既存の会社(承継会社)に事業を承継する場合を**吸収分割**(会757条〜761条)といいます。なお、新設分割の場合は、分割後に新設会社の株式を取得することにより、一部の事業の買収を行うことができます。

会社分割では、新設分割の場合は分割会社において、吸収分割の場合は分割会社と承継会社の双方において、株主総会での特別決議が必要になります。ただし、以下に述べる簡易分割または略式分割に当てはまる場合は、株主総会を省略できます。

(ア) 簡易分割

① 新設分割および吸収分割において、承継会社に承継させる資産の帳簿価額が、分割会社の総資産額（会施規187条、会施規207条）の5分の1を超えなければ、分割会社の株主総会を省略できます（会784条2項、会805条）。
② 吸収分割において、分割対価の帳簿価額の合計額が、承継会社の純資産額（会施規196条）の5分の1を超えなければ、承継会社の株主総会を省略できます（会796条2項）。

(イ) 略式分割

① 吸収分割において、承継会社が分割会社の議決権の90％以上を直接または間接に保有する場合、分割会社の株主総会を省略できます（会784条1項）。
② 吸収分割において、分割会社が承継会社の議決権の90％以上を直接または間接に保有する場合、承継会社の株主総会を省略できます（会796条1項）。

　同一グループ会社内での会社分割において手続を簡素化するための制度であり、第三者からの買収時には原則として該当しません。

3 事業譲渡と会社分割の比較

　事業譲渡と会社分割を比較した際のメリット・デメリットは図表Ⅳ－3のとおりです。
　また、用いるスキームに関わらず、一部の事業を買収する際に、買手が留意しなければならない点として、DDにおける情報入手があります。中堅・中小企業では事業部別の資料を作成していないケースもあり、DDにおいて、対象事業に関する情報を売手から入手することが困難なことがあります。買手は会社全体に関する情報だけではなく、対象事業に関する正確な情報を売手から入手する必要があります。また、入手した情報が不十分な場

図表Ⅳ-3　事業譲渡と会社分割の比較表

	メリット	デメリット
事業譲渡	・対象事業を選別できるため、不要な資産や簿外債務等を承継するリスクが少ない ・債権者に対し個別に承諾を得るため、債権者保護手続は不要（債権者に対し異議を述べる期間を与える必要なし）であり、債権者が少ない場合は手続が簡便	・資産・負債・契約上の地位等を個別に承継するため、対象となる資産・負債や債権者等が多いほど手続が煩雑になる ・転籍させる従業員から個別に同意を得る必要がある ・譲受会社に消費税がかかる
会社分割	・包括承継のため、事業譲渡と比べ手続が簡便 ・行政庁に対し、定められた手続を分割前または分割後にとることにより、承継可能な許認可がある ・転籍させる従業員から個別に同意を得る必要がない（ただし、労働契約承継法上の労働者保護手続は必要）	・包括承継のため、不要な資産や簿外債務等を承継するリスクがある ・原則として、債権者保護手続（効力発生日までの間に1カ月以上の期間を確保）が必要

合、たとえば、対象事業の運営に不可欠な間接部門の費用が含まれていないようであれば、対象事業単独で運営可能な費用計上後の正常収益力を精査する必要があります。

Q 58
現金を支払わずに企業（事業）を買収したいが可能か

A 　現金を支払わずに企業（事業）を買収することは可能です。たとえば、株式交換、吸収合併、吸収分割等は、原則として、株式を対価にします。また、その他に、現物出資（＝事業譲渡において対価を譲受会社の株式とする）があげられます。

1　株式交換とは

　株式交換とは、売手と株式交換契約を締結し、対象会社を買手が完全子会社とすることをいいます（会767条～771条）。対価としては一般的に、買手の株式（図表Ⅳ－4）が用いられますが、買手の親会社の株式（図表Ⅳ－5）を対価とすることもでき、これを三角株式交換といいます。**株式交換は現金を支払わずに完全子会社化する手法としてよく使用されるスキーム**です。なお、対価として現金を用いる場合、買手と売手の取引後の資本関係は対象会社の株式100％の株式譲渡と同様になります。

2　合併（吸収合併）とは

　合併とは、2つ以上の企業がひとつの企業となることをいいます（会748条～756条）。消滅する企業（消滅会社）の権利義務の全部を残る企業（存続会社）に承継させる**吸収合併**（会749条～752条）と、取引を行うにあたって複数の消滅会社がすべて解散し、新たに設立した会社（新設会社）にそれら消滅会社の権利義務を承継させる**新設合併**（会753条～756条）の2種類があります。しかし実務上、新設合併は会社設立手続等が煩雑なこともあり、あまり用いられていません。

　吸収合併において、消滅会社の株主への対価として代表的なものは存続会社の株式ですが（図表Ⅳ－6）、親会社の株式を対価とすることもでき（いわ

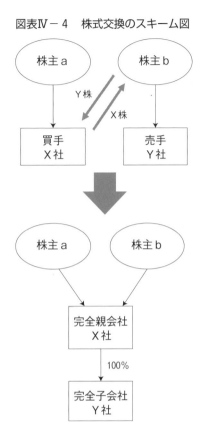

図表Ⅳ-4　株式交換のスキーム図

ゆる三角合併)、この場合、消滅会社の株主は合併後の存続会社の親会社の株主となります。なお、合併の場合も株式交換同様、現金を対価とすることも可能です（いわゆるキャッシュアウトマージャー）。

　ただし、第三者間の買収において、いきなり合併を行うことはあまり想定されません。将来的な合併を企図している場合、まず消滅会社にしたい企業をほかのスキームを用いて完全子会社化し、一定期間を置いた後に、吸収合併する事例が多いです。これは合併後の両企業の統合をスムーズに進めるためです（【Q63】をご参照ください）。

図表Ⅳ-5　三角株式交換のスキーム図

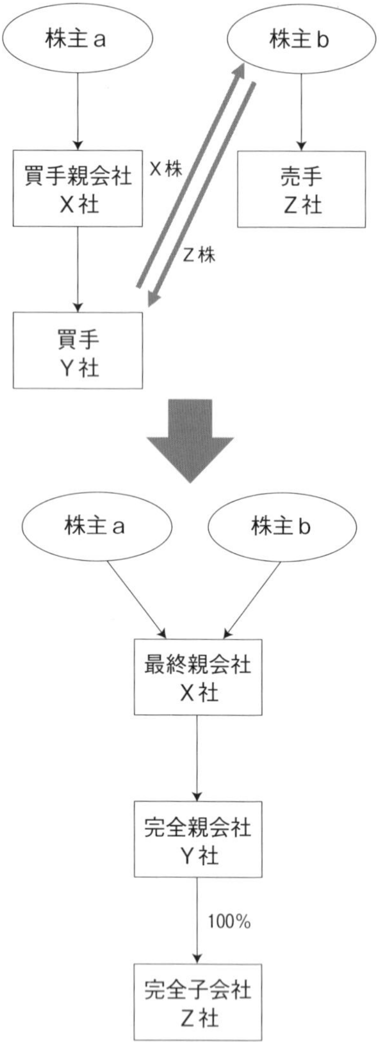

3　会社分割（吸収分割）とは

吸収分割とは、前述の【Q57】のとおり、分割会社が、既存の会社を承継

図表Ⅳ-6　吸収合併のスキーム図

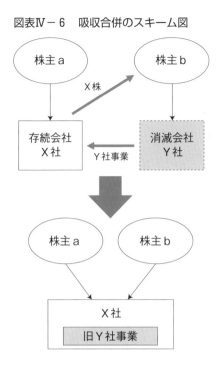

会社として、事業を切り出すことをいいます。承継会社の株式を、分割会社の株主に交付した場合は**分割型吸収分割**、分割会社自体に交付した場合は**分社型吸収分割**となります（【Q57】および図表Ⅳ-2をご参照ください）。なお、現在の会社法では、旧商法下で定められていた分割型吸収分割の規定自体は廃止されていますが、分社型吸収分割を行うと同時に分割会社の株主に剰余金の配当を行うことで、分割型吸収分割と同様の結果が得られることになります。また、吸収分割においても、対価は株式に限られているわけではありません。

4　現物出資とは

　現物出資とは、事業譲渡において、現金ではなく譲受会社の株式を用いることです（会207条）。上記の**1**〜**3**と異なり、現物出資は会社法上、譲渡会

社による譲受会社への出資行為とみなされるため、**対価は株式に限られます**。なお、出資した現物（＝財産）の価値が引き受けた株式の価値と同等のものであるか、一部例外を除き、裁判所が選任する検査役の検査が必要となります。

5　株式譲渡とは

　上記の1～4に加え、株式譲渡においても、対価が現金に限られているわけではありません。しかし、対価となる株式や資産が譲渡する株式と同価値を有するのかの判断がむずかしく、また売手からすると対価の流動性が現金と比較して低いため、現金を対価とすることが一般的です。

Q 59

非上場企業でも公開買付け（TOB）が必要になることがあるのか

A

1 公開買付制度とは

公開買付けの規制を受けるのは、上場企業の株券だけではありません。一定の条件を満たせば非上場企業の株券でも必要になります。

公開買付けとは、TOB（Take-over Bid）ともいわれ、株券等の発行会社または第三者が不特定かつ多数の人に対して公告等により買付期間・買付数量・買付価格等を提示し、株券等の買付けの申込みまたは売付けの申込みの勧誘を行い、市場外で株券等の買付けを行うことをいいます（金商法27条の2第6項）。

公開買付規制の趣旨はいくつかあり、下記の内容により構成されています。

(ア) 当該株券等のすべての所有者に対して売付けの機会を提供するとともに、当該取得勧誘に応じるか否かの判断のために必要な情報開示を確保すること
(イ) 一部の者のみが支配権プレミアムを独占的に享受することを防止すること
(ウ) 特定の株主が支配権を握った後の企業において、少数株主が不安定な地位に置かれることを防止すること
(エ) 企業買収者間の公平性を確保すること

上記の趣旨をふまえ対象となる株券は、**有価証券報告書提出義務のある企業が発行する株券等**（(ア)上場企業の株券、(イ)非上場企業で、株主が300名以上の企業の株券等）が該当します。なお、社債の発行により有価証券報告書の提

出義務のある非上場企業の株券であっても、株主が一定数を下回る場合等は公開買付規制の適用対象となりません。

　非上場企業を公開買付制度に基づき買収する場合、上場企業の買収と同様の手続が必要になるため、手間がかかり、一定のコストも発生します。その点では、不便にも考えられます。しかし、300名以上も株主がいる場合、個別交渉を行い同一条件で全株券を取得することは現実的ではありません。その点、公開買付制度を利用すれば、一定期間に大量の株券を同一条件で取得することができる可能性があります。また、公開買付けに応募した株数が予定数まで達しなかった場合、公開買付けをキャンセルすることも可能で、ある程度、買付者の意向を反映して行うことも可能です。

2 非上場企業における公開買付けの留意点とは

　公開買付けの手続は、上場企業の株券と非上場企業の株券で取引所の対応は異なるものの、**金商法上の対応は同様の手続が必要**になります。そのため、公開買付届出書等、いくつかの専門的な書類を作成する必要があり、通常は、公開買付代理人（証券会社）とリーガルアドバイザー（弁護士事務所）を選定し、専門家と協働して準備を進めていくことになります。ただ、非上場企業の公開買付けは上場企業の公開買付けと比較すると、そもそも事例が少なく、2013年1月～2017年12月末に公表された事例は15件しかありません。そのため、十分な経験を有している証券会社や弁護士事務所はそれほど多くないのが実情です。経験豊富な証券会社や弁護士事務所を選定するのは困難と考えられますが、数社に打診をし、少しでも経験のある証券会社や弁護士事務所を選定することが重要です。

Q60

私的整理手続での再生企業の買収案件を紹介されている。法的整理手続でなくても問題はないのか

A

1 法的整理手続と私的整理手続とは

　過剰債務を抱え純資産が毀損しているような再生企業のM&Aは、法的整理手続または私的整理手続の枠組みの中で実行されることが多くなります。再生企業だからといって、必ずしも法的整理手続を行わなければならないわけではなく、案件の特性をふまえ私的整理手続で進められている案件もあります。

　法的整理手続には、民事再生法に基づく再生手続と、会社更生法に基づく更生手続があります。裁判所や管財人の関与のもと、原則としてすべての債権者を対象とし、すべての債権者の多数決により法的強制力をもって再生手続を進めます。法的整理手続のメリット・デメリットは下記のとおりです。

(ア) **法的整理手続のメリット**

① 裁判所が関与するため**透明性・公平性が担保**されており、ステークホルダーの理解を得られやすいです。
② 裁判所の関与のもと進められるため、**すべての債権者から同意を取得する必要がなく**、一定要件での調整が可能です。
③ 裁判所の許可を得る等の手続を経て進めるため、**手続に対する取消し、差止め等のリスクが非常に少ない**です。

(イ) **法的整理手続のデメリット**

① 法的手続＝破産・倒産のマイナスイメージがあり、顧客・従業員・取引先離れによる事業価値・ブランドイメージ毀損の可能性があります。
② 法的手続のため一定の時間と手間がかかります。

一方、私的整理手続は裁判所等が関与せず、債権者と債務者の合意に基づいて行われるため、法的整理手続と異なり、通常は金融機関（リース会社等が対象になることもあります）のみが対象となります。私的整理手続のメリット・デメリットは下記のとおりです。

(ウ) **私的整理手続のメリット**

① 通常のM&Aと同様に対外的に公表せずに手続が進められるため、**比較的事業価値・ブランドイメージを毀損せずに再生手続きを進められます**。
② すべての対象債権者から同意を得られる前提にはなりますが、法的手続よりは再生手続の進め方、スケジュール等において**選択の余地があります**。

(エ) **私的整理手続のデメリット**

① すべての対象債権者の同意が必要になるため、ステークホルダー調整に手間がかかります。
② 第三者機関が関与しておらず、透明性・公平性が低くなります。

本問のように私的整理手続での再生企業の買収案件を紹介された場合、再生企業＝売手は、上記のメリット・デメリットを考慮し、私的整理手続の枠組みの中でのM&Aを選択したものと考えられます。また、筆者の経験上、通常事業への影響を考慮し、まずは私的整理手続で実行できないかを検討し、何かしらの要因で困難な場合、法的整理手続を選択している企業が多いと認識しています。

スポンサー企業＝買手としては、再生企業のM&A案件を持ち込まれた場

合、まずは、**再生企業に、私的整理手続でのM&Aを選択した理由、すべての対象債権者の同意が得られるのかを確認**することが望ましいと思われます。

　また、私的整理手続の場合、再生企業サイドのステークホルダー調整が非常に困難になるため、**相当程度のナレッジとノウハウを持ち合わせているアドバイザーが再生企業サイドで起用されているのかを確認**することが重要です。財務面、ファイナンス面からサポートするアドバイザーと法務面からサポートする弁護士事務所の双方が起用されていることが望ましいといえます。再生企業のアドバイザーの対応次第で、相手方であるスポンサー企業も何かと振り回されてしまい、案件検討に過剰な負担が発生したり、なかなか案件が成約できなかったりすることも十分考えられます。

　さらに、近年は、私的整理手続の透明性・公平性を高め円滑な案件遂行を図るため、再生企業またはその債権者の要請により、事業再生ADR（Alternative Dispute Resolution）や地域経済活性化支援機構（REVIC）等の第三者機関が、債権者の調整機関として起用されるケースがあります。第三者機関の起用による費用は再生企業サイドが負担することになりますが、再生企業が何かしらの理由により私的整理手続を選択している場合、円滑な案件遂行のため、スポンサー企業から第三者機関の起用を打診してもいいかもしれません。

Q 61

私的整理手続での再生企業の買収において留意すべき点は何か

A

1 再生企業の買収とは

主にスキーム、譲渡価格の合意形成過程、役員の引継ぎにおいて、再生企業＝売手のM&Aは、通常の事業会社のM&Aと異なります。これらの点に留意して買収を検討することが必要になります。

(ｱ) スキーム

通常の事業会社のM&Aのスキームは、株式譲渡、合併、株式交換、株式移転、TOB、第三者割当増資等いくつかあります。一方、再生企業のM&Aのスキームは主に**会社分割**または**事業譲渡**になります。これは、再生企業は通常の事業運営では返済不能な多額の借入金を抱えており実質債務超過であり、企業全体での承継が困難となっているためです。そのため収益をあげているgood事業（将来収益が見込める事業）を会社分割または事業譲渡によりスポンサー企業＝買手に承継し、その譲渡対価から最大限可能な範囲で債権者へ債務を弁済（第１回弁済）し、その後、bad企業（good事業を切り出した後に残った企業）を清算（第２回弁済）することになります。

なお、包括承継の会社分割による簿外債務の承継等のリスクを回避するために個別承継の事業譲渡を希望するスポンサー企業もいます。また、対象事業の許認可再取得、個別承継による手続の煩雑さを考慮し会社分割を選択するスポンサー企業もいます。事業の特性（特に許認可関係）や、再生企業の置かれている状況（特に資金繰り）に応じて判断していくことが必要になります。一方、売手サイドからは手続の煩雑さから、包括承継の会社分割（新

設分割＋株式譲渡または受皿会社設立＋吸収分割）を要請されることが多いです。

(イ) **譲渡価格**

通常の事業会社のM&Aは、DCF法、類似会社比較法等により評価された金額をベースに価格交渉をし、売手と買手が合意した価格でM&Aが実行されます。一方、再生企業のM&Aは再生企業とスポンサー企業が合意する以外に、債権者からの合意も必要になります。債権者から合意を得るためには、少なくとも**再生企業の清算価値よりも、good事業の譲渡対価による弁済とbad企業の清算による弁済額の合計が上回っておくことが必要**になります。再生企業だからといって、なるべく安く買いたたこうとすると、債権者の合意が得られず、結果的に案件がストップすることも考えられます。清算の場合の弁済率、債権者と合意可能な譲渡対価の水準は、再生企業のアドバイザーがシミュレーションし、あらかじめ債権者と協議していることが多く、スポンサー企業としては、アドバイザーとのディスカッションからなるべく情報を引き出し、この点もふまえ譲渡価格を検討しておくことが望ましいといえます。

(ウ) **対象会社の役員**

通常の事業会社のM&Aでは、対象会社の役員は買手、売手の意向に基づき、継続または退任となります。一方、再生企業の案件では、経営責任をとるために、**再生企業の役員はステークホルダーから退任を求められることが多く**なります。しかし、スポンサー企業が異業種または事業関連性が低い場合、事業運営上のキーパーソンとなる役員にはなるべく残ってもらうことがスムーズな事業承継、今後の事業価値向上には必要不可欠です。このような場合、再生企業のステークホルダーにその意向、理由を明確に伝え、理解を得たうえで継続的に事業に関与してもらうことが望ましいといえます。ただし、bad企業の清算手続、借入金の個人保証、ステークホルダー調整の観点

から、少なくとも代表取締役は責任をとって、good事業には関与せず、bad企業の清算手続に専任、または、good事業の譲渡後に退任することが多くなります。なお、再生企業のステークホルダーへの配慮から、買収後の会社では、再生企業の役員を役員としてではなく従業員として雇用する事例もあります。

Q 62

私的整理手続での再生企業のM&A案件について、プロセスが通常のM&Aと異なる点はどこか

A

1 私的整理手続での再生企業の買収案件のプロセスとは

通常の事業会社のM&Aプロセスは、ステークホルダーの意向により相対方式と入札方式のどちらかのプロセスが採用されることになりますが、私的整理手続での再生企業のM&A案件のプロセスは、なるべく**限定的な候補先による入札方式**で進められる点で異なります。その理由としては下記のとおりです。

(ア) 債権者の意向

再生企業のM&Aは、法的整理手続または私的整理手続の枠組みの中で実行されるため、債権者の同意が必要になります。債権者としては債権回収の最大化を目指すため、**なるべく高い金額でgood事業を譲渡することを希望**します。そのため競争の原理が働く入札方式により、譲渡価格最大化を図ることが多くなります。

なお、このような観点から再生企業のM&Aの場合、債権者の意向が反映され、候補先が追加されることもあります。

(イ) 再生企業の状況

そもそも再生企業は**業績が悪化し債務もふくらんでいる**ことから、スポンサー企業＝買手の選定に時間がかかっていると、最悪の場合、資金繰りがショートする可能性もあります。そのため、1社と交渉し、その候補先との

Ⅳ 案件の種類

交渉が決裂した場合に、別の候補先に打診する相対方式は好ましくありません。1回のプロセスで各ステークホルダーにとって最適なスポンサー企業を選定する必要があり、入札方式により進められることが多くなるのです。

(ウ) **通常事業への影響**

経営状態が悪化していることが同業他社、自社の従業員に知れ渡ると、**顧客・従業員・取引先離れによる事業価値・ブランドイメージの毀損のおそれ**があります。そのため、なるべく限定された社内メンバーで、限定された候補先のみに打診することが望ましいといえます。

また、入札方式としては情報の開示をなるべく限定的にするため、二段階入札が採用されることが多くなります。一次入札はなるべく限定された情報のみを候補先に開示し、最終的にステークホルダーの合意が得られる条件（主に譲渡価格）を提示する意向があることが確認できた候補先のみが二次入札のDDに進むことになります。その際、(イ)の理由から、候補先を1社に絞ってDDを行った結果、条件があわず、ほかの候補先に再び打診するようなことは避けなければなりません。そのため二次入札に進む候補先を2～3社選定するケースが多いように思われます。

一方、スポンサー候補先としては、他の候補先への情報開示、DDへの費用等を考慮するとなるべく相対方式、独占交渉権を付与された状況での二次入札を希望してくる可能性があります。しかし、スポンサー候補先としても、再生企業は通常の事業会社よりも簿外債務等が発見される可能性が高い、もしくは正常収益力が想定よりも低いことから債権者の同意が得られるような譲渡価格が提示できないことも想定され、結果として、途中で案件を断念せざるをえないこともあります。そのような時にほかの候補先がいないため、本件成約を再生企業＝売手やその債権者から要請され再度検討せざるをえない状況に追い込まれることも想定されます。そのため、限定的な候補先による入札方式の中で、希望する条件で成約できればよいと考えることがスポンサー企業にとっても望ましいと考えられます。

2 統合案件

Q 63

対等な経営統合を実施したい。どのようなスキームがあるのか

A　経営統合の際に用いられる主なスキームとしては、❶株式移転、❷株式交換＋新設分割、❸合併（吸収合併）がありますが、対等な経営統合を目指すうえにおいては、❶株式移転および❷株式交換＋新設分割が適しています。

1 株式移転とは

複数の会社が、共同で新たな完全親会社を設立するスキームが共同株式移転です（会772条〜774条）。新たに持株会社を設立し、各社の株主は株式を持株会社に譲渡し、その対価として持株会社の株式を受け取ります（図表Ⅳ－7）。

いわば、複数の企業が共同で持株会社との株式交換を行うイメージで、取引後は、持株会社が各社の完全親会社になります。

株式移転が対等な統合において適している理由は、新たに設立される持株会社の完全子会社として、**経営統合に参加した各社がそれぞれ別法人として存続**することにあります。これにより、各社で異なる組織・制度・文化をある程度維持したまま、持株会社の傘下で時間をかけて経営統合を目指すことが可能になります。

図表Ⅳ-7　株式移転のスキーム図

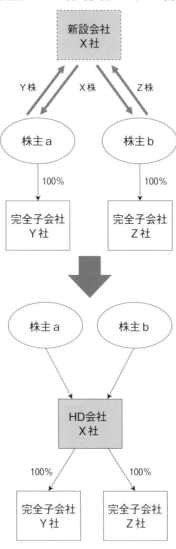

2 株式交換+新設分割とは

　株式交換と新設分割を組み合わせることによっても、上記**1**と同様、**持株会社を親会社として、その傘下に各社を子会社として存続**させる経営統合のスキームを実現することができます。

　株式交換は、前述の【Q58】のとおり、買手が売手の全株主に自社株式を交付することによって、売手を完全子会社化するスキームです（会767条）。よって、株式交換だけでは傘下に収めたイメージが強く対等な統合とはいえません。

　そこで、株式交換後、完全親会社が会社分割を行い、持株会社が担う事業以外を新たに設立した別の完全子会社に承継し、自らは持株会社となります（図表Ⅳ－8）。結果、株式移転と同じく、持株会社の下に、複数の完全子会社が別法人として存在するかたちとなります。

3 合併（吸収合併）とは

　合併（吸収合併）は、前述の【Q58】のとおり、消滅する企業（消滅会社）の権利義務の全部をほかの企業に承継させるスキームです（会748条）。取引後に存続会社と消滅会社が法人として完全に一体となることから、**統合の効果を最も迅速、かつ最大限発揮**するためのスキームといえます。

　一方で、存続会社が消滅会社を飲み込むというイメージがあるため、**対外的に対等な経営統合をアピールするには適さない**スキームといえます。対内的にも、もともと異なる企業の制度を早期に単一化しなければならず、多くの場合は存続会社の制度が消滅会社の事業に適用されます。そのため、従業員としても対等な経営統合と感じることはむずかしいと考えられます。

図表Ⅳ-8　株式交換+新設分割のスキーム図

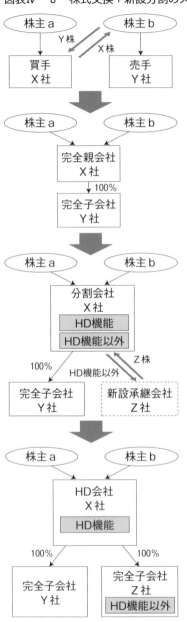

Q64

経営統合案件の場合、持株会社が設立される案件をよくみるが、なぜそのような選択をするのか

A

1 持株会社化の理由とは

経営統合を行う際には、前述の【Q63】のとおり、いくつか方法があります。主に、持株会社を設立してその傘下に事業会社を置く方法と、合併によりひとつの法人格を存続会社として残し、その他の法人格は存続会社に吸収し消滅させる方法の2つに分けることができます。ただし、一般的な経営統合の手法としては、持株会社を設立する方法が選択されることが多くなります。その主な背景としては、㋐時間をかけた緩やかな統合が可能、㋑許認可等が継続利用可能、㋒対等な経営統合であることを対内的にも対外的にもアピール可能といったことがあげられます。

㋐ 時間をかけた緩やかな統合が可能

合併による経営統合の場合、それまで別法人であった複数の法人がいきなりひとつの法人になります。異なる社風の企業がひとつになることで従業員に与える負担は大きくなりますが、それだけでなく人事制度(特に給与制度、役職、福利厚生制度)やシステム等、インフラ面も統一する必要があります。従業員に与える心理的な影響、その調整に多大な負担がかかることを考慮して、持株会社による経営統合が選択される場合があります。

持株会社による経営統合であれば、その傘下で**それぞれの法人格は維持されるため、いったんはこれまでのシステムや人事制度を踏襲し、時間をかけて経営統合に取り組む**ことができます。

Ⅳ 案件の種類

(イ) **許認可等が継続利用可能**

　合併の場合、いずれかの法人格は消滅してしまうため、その企業で取得していた許認可は再取得が必要になります。**許認可の再取得のハードルが高いまたは時間を要する**業種の場合は、持株会社による経営統合が選択されています。また、既存の契約については、合併の場合でも原則として包括承継されますが、法人格が消滅することの影響がないか等、個別の契約をよく確認する必要があります。

(ウ) **対等な経営統合であることを対内的にも対外的にもアピール可能**

　合併の場合、いずれかの法人格は消滅してしまうため存続会社が消滅会社を飲み込んだ、という印象が強くなってしまいます。また、対等な合併を目指すと謳っていても、そもそも同じサイズの事業規模、同じ従業員数、同じ財務状況の企業はなく、対等な関係をアピールすることは困難です。このため、**株主、従業員、取引先等への心理的な配慮から、持株会社の傘下に並列に企業を配置することで、対等な経営統合であることをアピール**するために、持株会社による経営統合が選択されています。

　ただし、持株会社による経営統合は、同じグループになったとはいえ別法人として存続するため、企業間の連携がうまくとれずに当初想定していたシナジーが十分に発揮できない、または実現までに想定以上に時間を要してしまう可能性がある点には注意が必要です。**グループの戦略立案機能として、経営統合の目的と目指す方向性を、子会社である事業会社に周知徹底させる仕組みづくりが重要**です。

　なお、一般的に持株会社を設立する場合、自らは生産、販売、営業等は行わずグループ全体の経営戦略の立案、管理等に専念する純粋持株会社と、自らも事業活動を行いつつ、子会社の管理も行う事業持株会社の2つの形態がありますが、経営統合のための持株会社設立の場合、一般的に前者が選択されます。

2 合併を選択する理由とは

　一方、選択されにくいスキームですが、合併を選択する理由としては、下記の場合があります。

(ア)　重複部門（間接部門以外にたとえば、製造部門、営業部門等も含みます）を統合し、**早期の収益力改善**を図る場合
(イ)　**早期の事業シナジー実現**を目指す場合
(ウ)　多額の有利子負債を抱える企業とキャッシュリッチな企業が合併し、**有利子負債を返済**する場合（稀なケースですが、このような案件も過去にはありました）

　案件の特性に応じてスキームは選択されますが、株主、従業員、取引先等への心理的な配慮から「対等な統合」を掲げる傾向にある日本企業同士の案件では、持株会社スキームが多いように思われます。

Q65 上場企業と非上場企業でも経営統合は可能か

A 上場企業同士または非上場企業同士の統合だけでなく、**上場企業と非上場企業の経営統合も可能**です。たとえば、東京証券取引所グループ（以下、「東証」）と大阪証券取引所（以下、「大証」）との経営統合では、非上場企業であった東証が上場企業である大証に対し公開買付けを行い子会社化、その後子会社となった大証が東証を吸収合併して、日本取引所グループとなりました。また、東京TYフィナンシャルグループと新銀行東京は、上場企業である東京TYフィナンシャルグループを株式交換親会社、非上場企業である新銀行東京を株式交換子会社としたスキームで経営統合されました。また、上場企業と非上場企業の経営統合であっても、前述の【Q63】のとおり、共同株式移転、株式交換を利用するスキームも考えられます。

共同株式移転で持株会社を設立し、その持株会社が上場するスキームを始め、経営統合により上場企業の法人格が変更、消滅したとしても、実態として存続していると認められた場合、通常の上場審査よりも簡易な手続で上場申請が可能な**テクニカル上場**という制度があります。テクニカル上場が可能となるのは、下記の3ケースが想定されます。

1. 上場企業と非上場企業で共同株式移転を行い、上場企業は新設会社（持株会社）となるケース
2. 上場企業が株式交換により非上場企業の完全子会社となるケース
3. 上場企業が非上場企業に吸収合併されるケース

一般的に、上場企業と非上場企業の経営統合が行われる場合、株式交換では上場企業が株式交換親会社となり、吸収合併の場合は吸収合併存続会社となることが多いため、テクニカル上場の制度は利用しないことが多いですが、銀行業等、事業運営上で必要な許認可の再取得のハードルが高い場合、

既存の許認可を継続的に利用するためテクニカル上場を選択することがあります。たとえば、マルハニチロは、もともと持株会社体制をとっていましたが、事業子会社の1社であったマルハニチロ水産の許認可を継続して使用するために、マルハニチロ水産を存続会社、上場企業であり純粋持株会社であったマルハニチロホールディングスや、ほかの事業子会社を消滅会社とした吸収合併を実施する際に、テクニカル上場の制度を利用しています。

　また、上場企業と非上場企業の経営統合を企図する場合、留意しなければならない点として、**「不適当な合併等」に該当しない**かどうかということがあります。「不適当な合併等」は、いわゆる裏口上場ともいわれ、非上場企業が、自社よりも規模の小さい、または、経営不振の上場企業等と経営統合を行うことで、実質的に非上場企業が経営の主導権を握っているにもかかわらず、取引所の上場審査を受けずに上場する行為をいいます。「不適当な合併等」に該当する見込みがあると取引所から判断された場合、一定の猶予期間を経て、上場廃止となる可能性があるため、注意が必要です。

3　MBO

Q66
なぜMBOを実施するのか

A　MBOとは「Management Buy Out」の略であり、経営陣が株式を取得し、親会社、オーナー、前株主から独立する取引のことをいいます。もっとも、経営陣が株式取得にかかる資金を自らすべてまかなえることは稀です。一般的には、買収のための特別目的会社（以下、「SPC」。Special Purpose Company）が設立され、SPCは経営陣・PEファンドからの出資に加え、金融機関からの借入等により、資金を調達して対象会社の株式を取得します。その後、SPCと対象会社が合併し、ひとつの会社になる場合もあります。日本においてMBOは、M&Aの一形態として、2000年代から徐々に浸透してきました。MBOを実施する目的は主に下記の4つに大別されます。

1　事業承継

　オーナー企業の事業承継対策として、MBOが実施されることがあります。高齢のオーナーにとっては、事業承継は最も重要な課題といっても過言ではありません。後継者不在の場合はもちろん、親族内もしくは親族外に適任の後継者がいても、企業の成長にともない株式を買い取る資金的余裕がない場合が多くみられます。さらに、規模が大きい、または業績が好調な企業の場合、相続税の納税資金を確保しなければならない、という課題もあります。

　そこで、後継者を含む経営陣や共同出資者であるPEファンドがMBOを行い、**株式が事業に無関係な相続人に渡るのを防ぎます**。また、オーナーが株式を売却して得た現金は、相続人が納税資金に充てることができます。一

方、事業を受け継ぐ経営陣は、少ない自己資金で前オーナーから事業を承継することができます。

2 スピンアウト

複数事業を展開する企業が、事業の選択と集中を進めるにあたって、**ノンコア事業の売却**を行いたい、または**子会社が親会社の意向ではなく独自の経営路線を貫きたい**といった場合にMBOが活用されることがあります。

親会社はMBOを用いて、ノンコア事業を売却することにより本業に資源を集中させることができ、加えて売却事業が不採算事業である場合には親会社にとっても業績改善につながります。また、同業他社に売却するM&Aと比べて、買手候補先を探さなくてすみ、情報・ノウハウの漏えいリスクが少ないといったメリットもあります。

子会社側もMBOを用いて親会社から独立することにより、事業に精通した新株主のもとで迅速かつ大胆な経営戦略が実行できる、PEファンドからの出資がある場合にはPEファンドから事業のサポートを受けることができる、各種制度を独自のものに変えられる、従業員の企業への帰属意識が高まる等のメリットを享受することができます。

3 非上場化

上場企業としてのメリットを感じられなくなってきた企業が、非上場化する際にMBOを実施することがあります。

株式上場のメリットとしては、エクイティファイナンスにより資本市場から大量の資金を調達できる、ブランド力・知名度の向上等があげられます。一方でデメリットとしては、短期的なリターンを求める資本市場に振り回されて長期的な将来を見据えた投資が行いにくい、上場維持コストがかかる等があげられます。

特に、新たな成長や事業転換を図るための先行投資は短期的に企業収益やキャッシュフローの悪化を招くため、上場したまま行うと株価の下落等を招

く可能性があります。そのような事態を避け、長期的な成長戦略を実行するためにMBOにより非上場化を行うことがあります。

4 事業再生

　経営不振企業の事業再生のスキームとしてMBOが用いられることがあります。

　経営不振に陥り、返済が困難な多くの負債を抱えた企業は、事業再生を図ろうとしても、そのための資金的余裕がない場合がほとんどです。そこで、PEファンドから株式買収資金および事業再生に必要な資金の支援を受けてMBOを行います。対象会社の経営陣やPEファンドだけでなく、従業員組合等が資金拠出を行うこともあります。

　経営不振企業の再生においては、既存債権者に対し債務返済計画または事業再生計画を迅速に提示し、それを実行に移す必要があります。新経営陣のもとで抜本的に構造改革を進めるため、MBOが用いられるのです。

Q67

上場企業によるMBOの実施の際、経営陣のみの出資でも会社を買収可能なのか

A

1 経営陣のみの出資による企業の買収とは

いくつかの条件がクリアされれば**経営陣のみの出資でも上場企業を買収、MBOを実施することは可能**です。過去の案件でもそのような事例はいくつかあります。その仕組みをMBOに必要な資金とその調達方法に分けて説明します。

2 MBO実施に必要な資金とは

必要資金としては、主に、全株式買付代金、既存の借入金があればそのリファイナンス資金、MBOに関与するアドバイザー等のフィーから構成されます。

(ア) 株式買付代金

発行済株式の100％取得を目指すため、一定のプレミアムを付与した買付価格でTOBを実施します。プレミアムに関しては、案件ごとに異なりますが、2013年1月～2017年12月末に公表されたMBO事例のプレミアム平均は、直近終値に対して32.5％、直近1カ月平均に対して34.4％、直近3カ月平均に対して37％、直近6カ月平均に対して37.3％になります。市場株価にこのプレミアムを付与した価格が買付価格であり、買付価格に買付株式数を乗じて株式買付代金が算出されます。

発行済株式の100％取得を目指す理由としては、MBOを実施する買付者

は、MBOのためだけに設立されたペーパーカンパニーであることが多く（その他オーナー経営者の資産管理会社が買付者になることもあります）、事業を行っていないため、担保になる資産や返済の原資になる収益事業がないことがあげられます。そこで株式取得後は、なるべく早期に対象会社と合併することで、対象会社のほぼすべての資産を担保設定し、対象会社のキャッシュフローを原資として、多額の借入金を返済していくことになります。なお、対象会社に多額の現預金や余剰資産がある場合、それらを原資として合併してすぐに多額の借入金を返済することも可能です。この場合、経営陣のみの出資でMBOが可能となります。

(イ)　リファイナンス資金

MBO後は、上記のとおり多額の借入金を返済していくため、既存の借入金があれば、一部の資産に担保設定されていることがあり、ほぼすべての資産に担保設定することが不可能となります。そのため、一度、既存借入は返済し、新たな条件でファイナンスをまとめる必要があります。

(ウ)　アドバイザー等のフィー

買付者サイドで下記の専門家フィーが必要になります。
① M&Aアドバイザー……案件の全体管理、プロセスコントロール、買付価格の算定、条件交渉等を担当
② 公開買付代理人……証券会社のみが対応可能な業務で、株主からの株式の買付けを全国の本支店を活用し担当
③ 弁護士……対象会社の法務DD、TOBに関連するドキュメンテーション等を担当
④ 会計士、税理士……対象会社の財務・税務DD、スキーム検討を担当

3　資金の調達方法

資金の調達は、主に、(ア)エクイティ、(イ)銀行借入、(ウ)メザニンから構成さ

れます。

　(ア)　エクイティ

　最初にエクイティの出資額を検討します。まず、買付者サイドに回る役員がどの程度まで出資可能か検討します。ただし、(イ)銀行借入に際しエクイティの追加を要請されることがあり、そのような場合、PEファンドによるエクイティ出資も検討することになります。

　(イ)　銀行借入

　上記のとおり、対象会社のキャッシュフローを原資として、多額の借入金を返済するため、対象会社の生み出す将来キャッシュフローが重要で、一般的に、EBITDAの3〜5倍が調達可能な借入金の目安になります。

　(ウ)　メザニン

　メザニンは、(ア)と(イ)の合計でMBO実施に必要な資金を調達不可能な場合に検討されます。劣後ローンや優先株式等が該当し、日本でもメザニンによる資金提供を行うプレイヤーは徐々に増えてきています。

　役員の出資のみ、または役員の出資と銀行借入のみで必要資金を調達できる企業は、相当財務体質が健全か、株価が低く評価されている可能性があります。過去の案件でもそのような企業もありますが、MBOを実施する企業にはそれなりの理由があります。そのため、借入金がふくらんでいる、収益力が低下している等の理由からPEファンドやメザニンファンドの出資もあわせて検討し、MBOを実施しています。

Q 68

MBOの実施には通常のM&Aと同様のアドバイザーに加え第三者委員会が必要なのはなぜか

A

1 第三者委員会の必要性とは

　通常のM&Aでは、売手と買手はお互いに独立の第三者であり、それぞれがそれぞれの立場で交渉し、その結果双方合意した場合に成約します。そのため、わざわざ独立の第三者から構成される委員会を組成して、その取引、手続に関して検証・交渉をサポートする必要性は低いといえます。

　一方、上場企業のMBOにおいて買手メンバーは、対象会社のことを最も把握している役員メンバーの一部から構成されます。また、買手としてはMBO後の返済負担を軽減するため、なるべく借入金を抑えたいと考えます。そのため、今後、株価が上昇するような情報を保有していたとしても、その内容をふまえた適正な価格を考慮せずに株式を安く買おうとする可能性があります。

　さらに、MBOに加わらず少数株主への説明責任としてMBO手続に関し意見表明をする役員も、合併後の借入金返済を考えるとなるべく低い価格での買付けを希望することも想定され、少数株主の立場に立った適切な意見表明が実行されない可能性があります。加えて、買手サイドに回った役員の強い意向により、十分な検討・交渉を実施せず、少数株主の利益が保護されないまま、MBOが実施されるおそれもあります。このような事態を回避するために、MBOの実施に際しては、独立の第三者から構成される委員会を組成することにより**十分な検討・交渉がなされること**を担保し、**少数株主を保護**してMBOを実施するケースが増えています。

2 MBO指針とは

　現在のところ、MBOの実施の際に第三者委員会の設置を規定した法律はありません。しかし、2007年9月4日に経済産業省が公表した「企業価値の向上及び公正な手続き確保のための経営者による企業買収（MBO）に関する指針」（以下、「MBO指針」）があります。

　MBO指針では、共通して対応すべき事項として、「**株主の適切な判断機会の確保**」を掲げています。その実務上の工夫がいくつかあり、その中に「**意思決定過程における恣意性の排除**」があります。その具体的な対応として、「（社外役員が存在する場合には）当該役員、または独立した第三者委員会等に対するMBOの是非及び条件についての諮問（またはこれらの者によるMBOを行う取締役との交渉）、及びその結果なされた判断の尊重」があげられています。

　これを参照し、各企業はMBOを実施する際に第三者委員会を設置しています。必ずしも第三者委員会を設置しなければならないわけではありませんが、円滑な案件実行の観点からは、設置することが重要です。

3 第三者委員会の設置および運営とは

　MBO指針の中に第三者委員会のメンバーの構成や求められる資質は記載されていませんが、通常、**社外役員、弁護士、会計士、M&Aの知見を有している人の中から3名**で構成されています。案件によっては3名以上のケースもあります。委員会の開催回数は年々、増加傾向にあり、直近の事例では**6～8回程度**開催されています。

　まず、対象会社の役員から諮問事項を受け、その諮問事項に応じて数回の議論が行われます。その結果を答申書として対象会社の役員に提出し、対象会社の役員はその内容もふまえ、最終的な意思決定を行います。また、近年では、対象会社の役員から諮問事項に対する答申のみならず、第三者委員会が買手との交渉に関与する事例もあり、その役割は年々変化しています。

Q69

MBO後の再上場は可能か

A

1 MBO後の再上場の現状

MBO後の再上場は可能です。2013年1月～2017年12月末にMBOを公表し、その後、再上場を果たした企業は5社あります。

再上場することで、信用度・知名度の向上、資金調達の多様化、管理部門の強化、従業員のモチベーション向上等のIPOそのもののメリットは再度、享受可能になります。一方、IR等の株主対応、上場維持コストの負担、場合によっては敵対的株主対応も必要になります。あらためて上場のメリット・デメリットをふまえて再上場を検討することになります。

2 MBO後の再上場の上場審査とは

MBO実施企業の再上場においては、通常の上場手続に加え追加的な審査が実施されます。この審査に関し、2016年12月2日に日本取引所グループが「MBO後の再上場時における上場審査について」を公表しています。現時点ではあくまでその視点・運用を整理したものであり、個別案件に応じて審査を行うとしています。

上場審査の視点としては(ア)**MBOと再上場の関連性**、(イ)**プレミアム配分の適切性・MBO実施の合理性**を確認するとしています。

また、上場審査の運用としては、上記確認のうえ、MBOと再上場の関連性が高くないか、プレミアム配分の適切性やMBO実施の合理性が低くないかを審査するとしています。

3 MBO後の再上場の留意点とは

　MBO実施の目的は、MBO開始時に公表されるプレスリリース等に記載しており、第三者が確認することは可能です。そのため、**MBO実施の目的が再上場時に達成されていることが望ましい**といえます。なお、日本取引所グループが公表している「MBO後の再上場時における上場審査について」では、上場審査においては、MBO時の計画とMBO後の進捗との間の乖離についての説明が十分に説得力のあるものかどうかを確認するとしており、必ずMBO実施の目的が達成されなければならないとはなっていません。

　加えて、**財務バランスを考慮**することも重要です。MBOの実施により、一時的には過剰な負債を抱えることになりますが、MBO実施後は、まず、この負債の返済を優先し、上場準備までにある程度、適正な水準（おおむねMBO実施前の借入水準）まで戻しておくことが望ましいといえます。また、MBOの実施によりのれんが発生する場合も考慮が必要です。1株当たり純利益等が、上場時の株価形成に影響を与えるため、のれんの償却負担が残っていると株価が低くなる可能性があるためです。

　上記のほか、年々増加する**上場維持コストも考慮**する必要があります。2007年以降、金商法、証券取引所規則等への対応コスト、株主総会費用等株主へのIR対応コストの負担増を理由に、MBOを実施する企業もあります。再上場すれば、もちろん、上場維持コストの負担は再び発生します。年々増加する上場維持コストを加味しても継続的、安定的な収益が見込める体制が整っているか十分な検討が必要です。

4 資本提携・ジョイントベンチャー（JV）案件

Q 70

業務提携先から資本提携も打診されている。違いは何か

A

1 業務提携と資本提携とは

　業務提携、資本提携、資本業務提携は、法律により定義されているわけではないですが、一般的によく使われている用語であり、広義のM&Aの一手法として考えられることが多いです。

　業務提携は、生産設備の共同利用による効率的な生産体制の構築、相互のクライアントネットワークを活用した共同販売、相互の技術を活用した共同開発等、**ビジネス面のシナジーを目的**としたものが多いです。

　一方で、資本提携は、特定株主から株式の売却、新株発行または自己株式の処分により**第三者に株式を引き受けてもらう取引**になります。株式を引き受けてもらう側の目的としては、新株発行による資金調達、新株発行または自己株式処分による安定株主対策、特定株主からの株式売却を依頼された際の承継先、配当収入等による利益還元等があります。

　業務提携先から資本提携を打診された場合、下記の理由が想定されます。
(ｱ)　業務提携により生じたシナジーの一部還元を配当により実施するため
(ｲ)　資本提携は出資を伴うため、対外的に業務提携先と関係の深さ、親密さをアピールできるため
(ｳ)　業務提携の実現に必要な設備の資金調達のため

㈣ 安定株主対策または大株主の議決権比率の低下のために、株式引受け先として新たな候補先を選定するのではなく、業務提携先のほうが対外的な説明が容易であり短期間で対応可能なため

上記のうち、㈣に関してはプレスリリース等で対外的に説明されることはありませんが、筆者が過去に関与した案件でもいくつかあります。むしろ、安定株主対策、大株主の議決権比率の低下を目的とし、その手段として資本提携を検討し、それだけでは対外的な説明が困難なため、あわせて業務提携を検討したような事例もあります。

建前ではなく本音の目的が上記理由に該当するのか、それ以外の理由によるものなのかは、業務提携先とディスカッションし、十分な検証をしたうえで、意思決定することが必要になります。

また、業務提携と異なり、資本提携は出資をともなうため、**一定の投資リスクを負う**ことになります。引受けの意思決定の際には、資本提携の目的以外に、下記の内容もヒアリングするべきです。

① 引き受ける株式は、新規発行なのか既存株主からの譲渡なのか
② 希望する出資比率、出資額
③ 希望する保有の期間
④ 将来的にどの程度まで出資比率を上げることが可能か
⑤ （出資比率、出資額に応じて）DDに応じてもらえるかどうか
⑥ （すでに同業または事業関連性の高い株主がいる場合）既存株主との関係
⑦ 株式は、普通株式なのか種類株式（優先株式）なのか

これらの内容を考慮したうえで総合的に判断することが重要です。

また、**より強固な関係を構築するために相互に株式を保有する**こともあります。この点もあわせて検討する必要があります。

さらに、資本提携やJVは、もともと永続的に行うことを企図しておらず、その目的が一定程度達成された場合、または達成不可能と思われた場合に解消されることが一般的です。解消時には関係性が悪化していることもあり、その時に引き受けた株式の解消法を相談したのでは、非常に困難なことも想

定されます。引受けの時からあらかじめ解消時のことを相談しておくことが望ましいといえます。

100％の株式取得案件と資本提携の株式取得で株式の評価額は異なるのか

A 株式を過半数取得する場合や完全子会社化する場合でも資本提携と記載している事例もありますが、資本提携とは、一般的には普通株式の数パーセントから過半数未満を片方の企業が保有する、あるいは相互に保有し合うことを指すケースが多いです。100％の株式取得案件と比較すると、**支配権を取得するかどうかという違い**があります。この支配権取得の有無を株式の評価額上に反映させるのが、「**コントロールプレミアム**」といわれる考え方です。

コントロールプレミアムは支配権を取得することを考慮して、少数株主間で取引される株式価値に上乗せされるプレミアムのことで、株式の過半数や3分の2以上を取得する場合には、このプレミアムが株式価値に一定程度、上乗せされると考えられます。この株式価値は、支配株主からみた株式価値になります。逆に少数株主の立場からみた場合の支配株主ベースの株式価値からの減額分を、「マイノリティディスカウント」といいます。

過半数から100％の株式を取得するM&Aの場合、支配権および経営権を取得するため、買収後のシナジー効果を実現しやすくなります。支配権および経営権を取得できずに想定されるシナジーが発揮できないことを避けるため、株式価値に一定の価格を上乗せしてでも過半数以上の株式を取得したほうがよいと判断したとき、この一定の上乗せ分がコントロールプレミアムとなります。コントロールプレミアムは明確に数値が決まっているわけではなく、あくまで結果的に株式価値と実際の株式譲渡価額との差として表れてくるものといえます。公開買付け（TOB）の案件において、公開買付価格が市場株価より高くなる差額分も、「コントロールプレミアム」といわれます。

前述のとおり、いくつかの株式価値の算定方法がありますが、算定された

株式価値にコントロールプレミアムが加味されているかどうかは各方法により異なります。インカムアプローチの代表的な評価手法であるDCF法は、前提とされる事業計画が事業の詳細な情報まで把握している経営者により作成されたものであることが多いため、一般的に算定された株式価値にはコントロールプレミアムが加味されていると考えられます。一方で、マーケットアプローチの中でよく用いられる類似会社比較法は、市場で売買されている株式価値、つまり詳細な情報まで把握していない少数株主の立場からみた株式価値を前提に算定されていることから、コントロールプレミアムは加味されていないと考えられます。

　また、株式の評価額以外に、100％の株式取得案件では、DDを実施することが一般的ですが、**資本提携においてDDを実施するか否か**はケースバイケースです。金額規模や保有割合が非常に大きい場合は100％の株式取得と同様にDDを実施することもありますが、その場合でも財務やビジネスといった範囲に限定してDDを実施することもあります。

Q72 JVにおける資本構成はどのように決まるのか

A 　JVを検討する場合、まず大きな論点となるのは、JVの資本構成をどのように設計するかです。仮に、ある企業と、2社でJVの設立を検討することになった場合、選択肢としては、1．自社が過半数の株式を保有する、2．少数株主となる、3．50%ずつを対等に保有する、という3パターンが考えられます。一見すると、3．50%ずつ保有するパターンが、両企業の立場が対等であり望ましいようにも思えますが、両企業の意見が相違した場合に意思決定ができなくなってしまう、いわゆる「デッドロック」が発生する可能性が高くなります。資本構成はいずれのパターンが望ましいというわけではなく、**設立目的や事業内容、JVでの必要資金、両企業間の資金力等、さまざまな点を勘案して決定**されます。その中でも、㈦意思決定の主導権（役員構成・機関設計）をどちらがもつか、㈣JVによる収益・シナジーの恩恵をどちらが多く受けるか、の2点が重視されることが多いです。

㈦　意思決定の主導権（役員構成・機関設計）をどちらがもつか

　自社が過半数の議決権をもっていれば、仮に両企業の意見が相違した場合でも、最低でも**株主総会の普通決議においては、自社の意見を通すことが可能**です。また、JVの取締役の人数は、出資比率を考慮して決定されることが一般的であるため、過半数をもっていれば、取締役会でも自社の意見を通すことができます。JVの事業領域に対してどちらかの出資者が高い知見、ノウハウをもっている場合や、事業上のキーパーソンを送り込む場合は、その出資者の持ち分が多くなるケースが多いと考えられます。

　しかし、一方で少数株主の立場からすると、両企業の意見が相違した場合、自らの意見が無視された意思決定がなされてしまうのでは、という不安

Ⅳ　案件の種類

をもつことになります。この不安を解消するため、たとえば定款の変更や合併等の組織再編行為、出資比率の変更等の特定の重要事項に限り、少数株主に対して拒否権を与えるような種類株式を設計することがあります。ただし、拒否権を実行できる範囲を広げ過ぎてしまうと、デッドロックに陥る可能性も高くなるため、拒否権の設定は真に重要な事項に限り、その他意見が分かれた場合は可能な限り協議のうえ解決していく姿勢をもつことが重要です。筆者の経験では、出資者同士が過去の取引からしっかりした信頼関係を築けていたため、拒否権の設定を「新規事業への参入」のみに設定した事例もあります。

(イ) JVによる収益・シナジーの恩恵をどちらが多く受けるか

　JVを設立することで得られる収益は、大きく分けると**JVからの配当**と、**JVが行う事業とのシナジーによる既存事業の収益増加**の2つがあります。普通株式のみを発行し自社の既存事業が受けるシナジーが大きい場合、JVからの配当はJVの共同出資者が多く受け取れるように自社の持ち分を少なくする場合もあります。たとえば、特定の技術をもったA社との共同開発を企図してJVを設立する場合、自社としては新たな技術を活用し、自社製品の価値を高めて自社の売上を増加させるというシナジーを享受できるため、配当は技術提供をしてくれたA社に多く支払われるよう、A社の持ち分を多くすることが考えられます。

　資本構成のほかにも、スキーム（既存の会社を活用した第三者割当増資か共同出資による新会社設立）はどのようにするのか、本店所在地はどこにするのか、JVの社名はどちらの社名を前面に押し出すのか等も実務上は論点となります。

PMI

Q73

PMIを見越して、DDで確認しておかなければいけないポイントはどのようなところか

A PMIとは、「Post Merger Integration」の略であり、M&A後の一連の経営統合プロセスのことです。PMIは、**M&Aにより変化した組織を最適化し、着実にシナジーを生み出すために必要不可欠な要素**といえます。株式取得によるM&AでもPMIは必要ですが、法人格を一体化する合併においてその論点が顕著になりますので、ここでは主に合併のケースを念頭に置いて説明します。

買手にとってのDDは、対象会社のリスクを洗い出して取引価格に反映したり、場合によっては取引自体の是非を判断したりするために必須のプロセスですが、M&Aは買収してからが本当のスタートとなるわけであり、リスク評価と同時に、買収後にどのようにシナジーを実現していくかという観点も不可欠なものとなります。リスクの把握の観点では、大きくとらえれば、P/L（正常収益力）、B/S（実態純資産）の確認が主となりますが、PMIの観点では、主に**経営インフラの統合を円滑に行うための両企業の特徴や違いを把握**することになります。そのうえで、それをふまえて統合の効果や、逆に統合のためにクリアすべき課題、デメリットやリスク等を分析していきますが、一般的に確認すべきポイントとしては、下記の5つがあげられます。

1 ガバナンス

経営管理の枠組み全般、具体的には、意思決定のための会議体、職務分掌、職務権限、指揮命令系統や意思決定プロセス、内部監査体制やコンプライアンス体制、業績管理指標、モニタリング方法（PDCA）、内部統制のあり方等です。関連して、財務会計の方針や管理会計のルール等も確認しておく必要があります。

2 人事制度

　労働条件はもちろん、評価や処遇のあり方、採用方針、育成に対する考え方等の人事制度全般です。コンセプトから制度詳細に至るまで、しっかりと確認する必要があります。統合した場合の人件費シミュレーション等は大きな労力を要することが多く、外部専門家の活用が必要となるケースが大半です。労働条件等の一本化は、新制度を構築するか、存続会社または消滅会社のどちらかに寄せるかになりますが、多くの場合は、存続会社に寄せることになるでしょう。**労働条件の不利益変更に対しては、制度設計やその進め方について細心の注意**が求められます。

　なお、合併する場合であっても、人事制度を統合せず、一社二制度をとることも可能ですが、少なくとも同業の場合には、統合することがシナジー発揮の近道となります。異なる人事制度を並走させてしまうと、同じ業務を行っているにも関わらず、給与や退職金等の報酬水準が異なったり、評価基準が異なったり、有給休暇の日数や福利厚生等に差が生まれ、組織の融合を妨げるおそれがあります。

3 組織体制

　各組織の役割、その責任者、メンバー構成、権限範囲、予算等です。役割については、まずは業務分掌規程等で確認することになりますが、実態の守備範囲が異なっていたり、場合によっては組織ではなく特定の人物にひもづいていたりするので厄介です。オフィシャルな役職のみではなく、実際の業務上のキーパーソンを特定する作業が欠かせません。大規模な拠点の統廃合等を計画している場合には、その定量的な分析も重要となります。

4 業務プロセス

　業務の手順やルール、現場レベルでの決裁権限、記録や報告の方法、使用しているフォーマット、それらをモニタリングする仕組み等です。具体的な

シナジー効果の源泉となることが多いため、**バリューチェーン**と**ヒト・モノ・カネ**とのマトリックスについて、1つずつ確認していくことが望ましいです。

たとえば、下記の6つがあげられます。

(ア) 研究開発：ノウハウ共有による商品開発力・品質向上、重複投資の削減
(イ) 調達：条件のよい仕入先への集約、取引増による価格交渉力の向上
(ウ) 生産：製造品目の相互集約による効率化や稼働率の向上
(エ) 物流：配送ルートの見直し、運送業者の選別
(オ) 販売：販路獲得や営業ノウハウの共有による売上拡大、クロスセルによる商品ラインナップの拡大、広告宣伝費の削減
(カ) 間接部門：間接部門の重複解消、売手のスタンドアローン化（買手からの機能提供）にともなうコスト負担、借入金の整理による金利コストの低減

これらについて、どのバリューチェーンにおいてどれだけのシナジー効果が見込めるのか、それにはどれくらいの期間を要する見込みか、具体的に確認していくとよいでしょう。

5 IT基盤

会計システムや業務管理システム等、システム全般です。基本的にITシステムの統合は、どちらかにあわせるか、そのまま併存させるかという話になります。その判断の際には、一般的には性能やコストの観点が重視されますが、DDでは、それらはもちろんのこと、性能、互換性や、経営戦略との整合性、その業界や会社のITシステムへの依存度、実際にシステムを使用する実務担当者からの視点等もふまえて確認する必要があります。

多くの場合、システム統合の負荷は、最終契約締結日から効力発生日までの準備期間がどの程度必要かを判断する重要な考慮要素となります。

上記の1〜5は、経営インフラの統合、という観点におけるポイントで

すが、これらインフラを支える前提事項として、対象会社の**経営戦略**や、また【Q76】で後述する**組織風土**や**価値観**についても、しっかりと理解しておくことが不可欠です。これらの観点で行われたDDの結果をふまえて、具体的な統合計画を策定していくことになります。

Q74 最終契約締結からクロージングまでに、PMIの観点からどのようなことを実施すればよいか

A 案件規模やスキームによって最終契約締結からクロージング（効力発生日）までの期間は異なりますが、株式譲渡であれば1〜2カ月程度、合併や会社分割等であれば6カ月程度の事例が多くみられます。ここでは比較的論点の多い合併について説明します。

効力発生日までの実施事項としては、それまでに必ず完了しなければならない実務的な手続もありますが、PMIの観点からは、**統合計画の策定**がポイントになります。効力発生日後になるべく早く、効率的かつ効果的にシナジーを創出するための計画を事前に策定しておき、統合後すぐに実行に着手できるようにしておくのです。

PMIは長引けば長引くほど従業員の意識やモチベーションが下がってしまうため、時間との戦いとなります。限られた時間の中で結果を出すためには、統合計画を策定する際に、**実施事項の明確化とその優先順位づけ**を行っておくことが肝要です。効力発生日は統合後の実務開始の初日であるため、これまでに統合計画が定まっていなければ、出だしから従業員等は混乱し、また新しい体制に不安を抱き、PMIが成功する確率は低くなってしまいます。

統合計画とは、PMI後のありたい姿と現状のギャップを埋めるために、短期的、中・長期的に、だれがいつまでに何を実施するのかについて具体的な手順やスケジュール、達成すべき水準等を示した組織の統合のためのロードマップです。

一般的に、この統合計画は、最終契約締結後、買手の経営トップもしくは本件M&Aの責任者の指揮のもと、経営企画部門を中心として部門横断的に招集されたメンバーが中心となって作成していきます。効力発生日までは情報流出等のリスクを勘案し、メンバーは最小限にとどめておくほうが無難で

す。

　当然ながら、特に買手では、最終契約締結前においても、早ければM&Aの検討段階から、遅くともDD終了後の時点で、統合とそれによるシナジー創出に関して、計画の叩き台レベルの準備はしておく必要があります。そして契約の締結後、直ちに売手のメンバーも巻き込んで、計画素案の検証や修正、具体的なアクションや売手も含めた推進体制の決定等の詰めを行っていくことになります。

　統合計画での実施事項は買収スキームによって異なってきますが、基本的にはDDで検出された事項を基に行われることが多くなります。ただ、DDは時間が限られており、すべてを確認できるわけではないため、必要に応じて追加的な調査も行うことになります。統合計画の大分類項目例としては、ガバナンス、人事制度、組織体制、業務プロセス、IT基盤があり、そしてそれらを支える根幹としての経営戦略と企業文化・価値観があげられます。これらの項目について、最初は大方針を決め、その後、具体的な事項について落とし込んでいきます。策定が進むにつれ、当初想定していなかった問題やそれに関連する新たな論点、追加的な対応策が求められ、必ずといっていいほど遅れが生じます。

　個々の論点につど時間を割いていては、全体の進捗が遅れてしまうため、**当初のありたい姿と照らし合わせ**、**優先順位を確認し**、場合によっては**細かい論点は後回しにする大胆さ**も重要になってきます。また、相手側の関係者との調整も必要になるため、時間に余裕がない中で効率的に中身を詰めたり整理したりするには、買手と売手の密なコミュニケーションが重要になってくるのはもちろんのこと、ストレスフルな状況下でも相手を敬う気持ちを忘れないことが大切です。

Q75

M&A後、シナジー効果を早期に実現するためには、どのようにマネジメントを行っていけばよいか

A　クロージング後の対象会社のマネジメントという観点で押さえておくべきは、「人」「目標」そして「時間」です。

「人」については、まずは**対象会社の事業に精通し、経営能力のある有能な人材を送り込む**ことです。ディールの現場責任者として交渉をとり仕切り、その過程で対象会社の役員や従業員と信頼関係を構築した幹部社員は、ベストな人選といえるでしょう。筆者の経験上、買手の重要なポストにいて「あの人があの会社に？」と驚かれるぐらいの人選をして、最適なケースが多いように思います。

「人」に関するもうひとつの重要な側面として、対象会社側の役員や従業員への配慮があります。「自分が相手の立場だったらどう思うか」という気持ちが常に求められます。最終契約書締結後にすみやかに売手と買手双方のトップが、M&Aの目的、目指す姿、経営方針、従業員にとってのメリット等をしっかりと説明し、またその際に、処遇の維持や企業風土への配慮を示すことも不可欠です。想定問答は双方で十分すり合わせて準備し、個別のコミュニケーションにできるだけ時間をかけて不安を解消してあげることも重要です。これらを進める際に、ポイントになるのが、2つ目の「目標」です。

シナジーには大きく分けると売上シナジーとコストシナジーがありますが、コントロール可能で実現しやすいのは後者のコストシナジーです。またその見せ方にはP/LやC/Fもありますが、さらにその要素としての個別の費目や所要時間等には即効性があり目標としてイメージしやすいのです。たとえば営業所や事務所の統合による賃料の削減は、確実かつわかりやすい成果です。このように、小さくてもよいので、**早く、確実に得られる成果の目標**

をいくつも設定し、その実現・目標達成を次々に発信していくことです。これにより、生産体制の拡充や新製品開発による売上増加等、時間のかかるシナジー効果への期待感を高め、そして売手従業員の参画意欲も高めていくという好循環をつくりだすのです。

　最後に「時間」です。目標の話と若干重複しますが、会社はM&A直後といういわば「非常」の状態に置かれているので、悠長に構えていてはいけません。早期の成果が組織の動揺を防ぎ、次の成果につながります。逆にいつまでも成果が出ないと、不安や不信、反発が増幅して悪循環に陥ります。**対象会社の状況と自社が提供できる支援をふまえて、とにかく早く着手して早く成果を得ること、それをしっかりと計画に落とし込んでマネージすることが必要です。**

Q.76 M&A後の組織風土の融合は、どのように進めるべきか

A PMIにおいては、人事制度やシステム等のハード面に意識が集中しがちですが、**組織風土、すなわち社風や従業員の意識等のソフト面の融合**についても同時に考えておく必要があります。ハード面は日々の業務に直接的な影響を与えるため、M&A直後から優先課題として強く意識され、多くは外部専門家の力も借りながら短期間で集中的な対応が行われます。一方でソフト面は特段の手当をしなくても問題が表面化しないこともあり、後回しにされがちですが、むしろ目にみえないからこそ厄介な面もあります。必要な打ち手を次々講じているのに一向にシナジーが現れない場合には、売手と買手の組織風土の違いやそこから生じる誤解や反感等の存在を疑ってみるべきでしょう。

そもそも組織風土とは、従業員の価値観、思考・行動様式等であり、その表れ方はさまざまです。組織ごとに一定の傾向があるもので、当然売手の組織風土は買手と一緒ではないため、シナジーの早期実現には両者を融合することが望ましいように思われます。ただし、組織風土はその企業が歴史的に育んできた強みの源泉になっているケースも多く、買手の風土への融合・統合は必須ではありません。時には、売手からよいところを取り入れるという発想も必要です。

たとえば、筆者が担当した某卸会社のM&Aの目的は、買収先のカラー（猛烈営業で知られます）や人材を通じて、自社の官僚的風土を変えることにありました。買収後は、双方の人的交流を行い新しい風土をつくっていくこととなりましたが、売手のよいところも取り入れた成功例といえます。

売手と買手の組織間で、「営業型⇔管理型」「自由闊達⇔真面目・慎重」「成果重視⇔プロセス重視」等、組織風土が真逆の場合には、基本的には買手の価値観や行動規範を売手に徐々に浸透させていきますが、売手のよい面

も取り入れると、買手組織では刺激に、売手組織ではモチベーション向上になり、双方の活性化につながります。

　融合の進め方として、まずは**売手の価値観や特徴を理解し、自社との違いを認識**することが第一歩となります。そのためには、理念やビジョンの確認はもちろん、創業者ら経営トップの言動、会社の歴史、組織体制、社内イベント、評価基準等に着目します。DDの際には、組織風土やそれが培われた背景等をインタビューで必ず確認します。

　具体的には、理念や価値観等を明文化し、それをトップや幹部が繰り返し唱え、また行動し、評価基準等にも反映させます。並行して、双方の組織のメンバーの接触を意図的にふやすこと、たとえば、会議等はもちろん、横断的PMIチームの組成、共同での業務対応、懇親会等の社内イベント、グループ討議形式の研修等、さまざまなコミュニケーション機会をつくることが、相互理解を深め、同じ方向に進んでいく素地をつくることにつながります。

　融合の取組みには特効薬はありません。とにかく日々従業員の耳目に触れるようにして意識させ、その状態を継続していくことです。その際に重要なのは、売手への敬意をもった対応、そしてそれによる買手への信頼感の醸成です。たったひとりの心ない発言が長く尾を引くこともあります。売手の価値観や歴史を深く理解し、それを土台に融合を進めていくことが不可欠だといえるでしょう。

〈別紙1〉

対外厳秘

平成●年●月●日

案件概要書(サンプル)

1．概要
売主が保有する対象会社株式(持分100%)の売却

2．売主
社名非開示(非上場、独立系)

3．対象会社
社名非開示(非上場)

4．対象会社所在地
関東

5．事業内容
関東エリアにて、●●●事業及び●●●事業を展開

6．業績
直近期実績　　：売上高●百万円、営業利益●百万円
今期計画値　　：売上高●百万円、営業利益●百万円

7．その他条件
●●●事業及び●●●事業の継続
全従業員の同等水準以上の処遇での継続雇用
商号の継続

以上

〈別紙2〉

秘密保持契約書(サンプル・差入式)

　当社は、[対象会社](以下、「貴社」という。)のM&Aの検討等(以下、「本件目的」という。)に関わる秘密情報に関して、下記のとおり同意する。

第1条(秘密保持義務)

1. 当社は、(i)貴社及び株主(以下、「貴社ら」という。)が本件目的に関連して当社に対して開示する一切の情報(文書、電子メール、口頭、電子記録媒体、その他の形態を問わず、また、当初提供された情報を複写、複製、編集、加工、または改変等して得られた情報を含む。)、及び(ii)本件目的に関する検討・交渉が行われている事実及びその内容(以下、「本秘密情報」という。)について、貴社の事前の書面による承諾なく第三者に開示または漏洩せず、また本件目的以外の目的(特に営業目的)で使用しない義務を負う。
2. 当社は、前項に関わらず、自己の役職員、並びに弁護士、公認会計士、ファイナンシャル・アドバイザーその他の専門家等に、本件目的の検討のため必要最小限の範囲で本秘密情報を開示することができる。なお、貴社の事業と営業上競合関係にある自己の役職員には、本秘密情報を開示しない。
3. 当社は、本書に従い本秘密情報を開示した相手方たる第三者をして、本書において当社が遵守すべき義務と同等の義務を負わせるものとし、当社は、かかる第三者の当該義務違反に関して、貴社に対し責任を負うものとする。
4. 当社は、適用法令(公的機関及びこれに準ずる団体の定める規則、手続き、基準及びガイドライン並びに判決、決定及び命令を含む。以下同じ。)に基づき必要とされる場合、本秘密情報を開示することができる。この場合、当社は、あらかじめ貴社に対しかかる開示の必要性について速やかに連絡し、適用法令で許容される限り、開示の方法について貴社と協議するものとする。当社がかかる適用法令に基づく秘密情報の開示を行う場合、当社は、かかる情報の機密性を確保するための適用法令上可能な一切の措置を適切かつ迅速にとった上で、適用法令上必要最小限度の範囲のものに限って開示するものとする。

第2条(秘密情報の例外)

　前条に関わらず、下記の各号のいずれかに該当する情報は、本秘密情報に含まれないものとする。
① 本秘密情報の開示以前に当社が既に保有していたもの。
② 当社への開示以前に公知であるもの。
③ 当社への開示後に、当社による前条の違反なくして公知となったもの。

④　その時期の如何を問わず、当社が適法に第三者から入手したもの。

第3条（秘密情報の帰属等）
1．当社は、貴社らから本秘密情報を開示された結果として、いかなる権利（特許権・著作権・ノウハウ・意匠権その他の知的財産権の使用権・使用許諾・ライセンス等を含む。）も得るものではないことを確認し合意する。
2．当社は、本書に基づき貴社らが本秘密情報の開示義務を何ら負うものではなく、また貴社らは本秘密情報の正確性について何らの表明または保証をするものではないことを確認し合意する。

第4条（秘密情報の保持）
　当社は、本秘密情報を保護するため、善良なる管理者の注意義務をもって本秘密情報を管理する。

第5条（秘密情報の返却）
　本件目的の検討が終了したとき、本書が終了したとき、及び貴社がその理由の如何に関わらず本秘密情報の返還を当社に要求した場合、当社は、当社に提供されていた本秘密情報のうち、(i)返還可能なものについては、速やかに、その一切を貴社に返還するものとし、また、(ii)返還不能なものまたは貴社が別途指示したものについては、貴社の指示に従って速やかにこれを破棄処分し、貴社に対して破棄処分した旨を書面にて通知する。

第6条（有効期間）
　本書の有効期間は、本書の差入日から●年間とする。

第7条（損害賠償）
　当社が本書に違背した場合、当社は、貴社に生じた損害（弁護士費用、並びに当社が本書に違背したことにより貴社が第三者から請求を受けたときは、当該請求及び当該請求に関連して貴社が負担する費用及び損失等を含む。）を賠償する。

第8条（準拠法・管轄）
1．本書の準拠法は日本法とする。
2．本書に関連して生じた紛争の一切については、東京地方裁判所を第一審の専属管轄裁判所とする。

　以上の同意を証するため正本1通を作成し、記名押印のうえ貴社に差し入れる。

平成●年●月●日

［対象会社］御中

（住所）●●●
（社名）●●●
　　　　代表取締役　●●●　㊞

〈別紙3〉

秘密保持契約書（サンプル・双務式）

　[対象会社]または[売主]（以下、「甲」という）と[買手候補企業]（以下、「乙」という）は、甲乙間の資本提携、業務提携、その他の企業提携、（以下、「本件」という）の実現可能性を検討する目的（以下、「本件目的」という）で、甲及び乙が相互に開示する情報の取り扱いについて下記のとおり契約する。

第1条（定義）
1．本契約において「秘密情報」とは、甲及び乙が本件目的で相手方に開示した一切の情報並びに本件に関する交渉の事実及びその内容をいう。但し、下記のいずれかに該当することを一方当事者が相手方に対して立証し得る情報については、秘密情報として取扱わないものとする。
    (1) 相手方から開示された時点で既に公知の情報
    (2) 相手方から開示された時点で既に所有していた情報
    (3) 正当な権利を有する第三者から秘密保持の義務を負うことなく合法的に入手した情報
    (4) 相手方から開示された後に、開示された者の責によらず公知となった情報
    (5) 相手方の秘密情報を利用することなく独自に開発、取得した情報
2．本契約において「秘密書類」とは、秘密情報を文書、図画、物品、磁気テープ・ディスクその他媒体に記録、記載、固定化したもの一切をいうものとする。
3．本契約において「第三者」とは、甲、乙及びそれぞれの関係会社以外の一切をいうものとする。

第2条（目的外使用の禁止）
　甲及び乙は、相互に開示された情報を本件目的以外（特に営業目的）で使用しないこととする。

第3条（秘密保持）
1．甲及び乙は、秘密情報を善良なる管理者の注意をもって秘密に保持するものとし、下記に掲げる場合を除き、相手方の書面による事前の合意なくして、第三者に対して秘密情報を部分的にも全体的にも遺漏または開示してはならない。
    (1) 甲または乙が、本件目的遂行の為に、外部専門家（弁護士、公認会計士、税理士、M&Aアドバイザー等をいう）に相談する必要がある場合
    (2) 法令または金融商品取引所の規則に基づいて開示を要求された場合

2. 甲及び乙は、社内においても本件目的の遂行上必要となる最小限の範囲の役職員に対して、必要な範囲の秘密情報のみを伝達するものとする。この場合、当該役職員に対し、本契約の秘密保持義務を遵守させるものとする。なお、貴社の事業と営業上競合関係にある自己の役職員には、本機密情報を開示しない。
3. 甲及び乙は、秘密書類の管理、保管にあたっては、厳重な注意を払うものとし、仮にも秘密情報が漏洩することのないよう細心の注意を払うものとする。
4. 甲または乙は、第1項に基づき第三者に対して秘密情報を開示する場合、当該第三者をして秘密保持義務を遵守させるものとし、当該第三者による秘密保持義務のいかなる違反についても、相手方に対して責任を負うものとする。但し、本条第1項第2号に掲げる場合は、この限りではない。

第4条（秘密書類の複写・複製）
　甲及び乙は、相互に受領した秘密書類について、本件目的遂行のために必要ある場合を除き、複写または複製してはならないものとする。

第5条（秘密書類の返還）
1. 甲及び乙は、相手方より秘密書類の返還の請求があった場合または本件が見送りとなった場合は、可及的速やかに受領している秘密書類を相手方に返還しなければならないものとする。
2. 前項の請求があった場合、秘密書類の複写・複製物を有する場合には、その一切についても同時に返還しなければならないものとし、いかなる複写・複製物も保持してはならないものとする。但し、秘密情報の開示者が開示を受けた相手方に対し、その返還にかえて、秘密書類及びその複写・複製物の全部または一部について破棄を求めたときは、当該当事者は責任をもってその破棄を実行するものとする。

第6条（交渉当事者以外との接触の制限）
　甲及び乙は、相手方の役職員のうち本件に係る交渉を担当する者以外の者、相手方の外部専門家または相手方の株主等の会社関係者と、本件目的上接触する必要がある場合、相手方から事前の同意を得るものとする。また、相手方の役職員との接触は、本件の検討の為にのみ行い、役職員の引き抜き及びそれに類する行為は行ってはならないものとする。

第7条（損害賠償請求）
　一方の当事者または第3条第1項に基づき同当事者から情報の開示を受けた第三者が、本契約に基づく秘密保持義務に違反した場合、相手方当事者は当該違反行為の差止及びそれにより被った損害の賠償を、違反した当事者または第三者に対して

請求することができる。但し、第3条第1項第2号に掲げる場合はこの限りではない。

第8条（有効期間）
　本契約の有効期間は、締結の日から●年間とする。但し、甲または乙が、本契約の有効期間内における相手方の秘密保持義務違反に対して、第7条に基づき損害賠償を請求できる期間は、民法上の定めによる。

第9条（疑義等の処理）
　本契約に定めない事項または本契約に基づく義務の遂行にあたり疑義を生じた事項については、甲、乙誠意をもって協議し、円満解決にあたるものとする。

第10条（裁判管轄）
　本契約の法律関係に関する争訟は、東京地方裁判所を第一審専属管轄とする。

第11条（準拠法）
　本契約は日本法を準拠法とし、日本法に従って解釈されるものとする。

　本契約締結の証として本書2通を作成し甲、乙記名押印の上、各1通を保有する。

平成●年●月●日

　　　　　　　　　　　　　　　甲：（住所）●●●
　　　　　　　　　　　　　　　　　（社名）●●●
　　　　　　　　　　　　　　　　　　代表取締役　●●●　㊞

　　　　　　　　　　　　　　　乙：（住所）●●●
　　　　　　　　　　　　　　　　　（社名）●●●
　　　　　　　　　　　　　　　　　　代表取締役　●●●　㊞

〈別紙4〉

秘密保持に関する誓約書（サンプル）

私は、下記の事項を厳守することを誓約いたします。

記

（秘密保持の誓約）
第1条
　私は、貴社が保有する [対象会社] の株式（以下、「譲渡対象」といいます。）に関する企業提携（企業提携等とは、株式譲渡、合併、株式交換、株式移転、会社分割、事業譲渡、資本提携、業務提携を含むものとするが、これらに限らないものとします。）に関する一切の事実・情報（下記の各号に例示する事実・情報を含みますが、これらに限られません。以下、「秘密情報」といいます。）について、貴社の事前許可なく、第三者（私の家族、報道機関、許可のない貴社及びB社の従業員を含みますが、これらに限られません。）に対し、開示または漏洩しません。

1．貴社が譲渡対象の企業提携を検討していることに関する一切の事実・情報
2．買手候補先による企業提携に関する一切の事実・情報
3．買手候補先との間で秘密保持契約が締結された事実及び当該契約の内容
4．私が本誓約を行った事実及び本誓約の内容

（退職後の秘密保持の誓約）
第2条
　私は、貴社または [対象会社] を退職した後も、本誓約書を遵守します。

（損害賠償）
第3条
　前各条項に違反して、秘密情報を開示または漏洩した場合、貴社が被った一切の損害を賠償します。

以上

平成●年●月●日

（住所）●●●
（社名）●●●
代表取締役　●●●　㊞

〈別紙5〉

基本合意書（サンプル）

　［買主］（以下、「買主」という。）と［対象会社］（以下、「対象会社」という。）並びに［売主］（以下、「売主」という。）は、買主が売主及び売主を除く対象会社の株主（以下、「その他株主」という。）から対象会社の株式全部を譲り受けることによる対象会社の経営権委譲に関し、下記のとおり基本的な合意に達したので、ここに基本合意書（以下、「本合意書」という。）を締結する。

第1章　基本スキーム

（目的）
第1条　本合意書は、買主及び対象会社の一層の発展を目指し、対象会社の発行済株式の全てを、売主その他の株主から買主に対して譲渡することにより、対象会社の経営権を売主から買主に移転させることを目的とする。

（株式譲渡）
第2条　売主は、買主に対し、その所有する対象会社の発行済株式全て（●株。以下、「対象株式」という。）を譲渡するものとし、買主は売主からこれを譲り受ける（以下、「本件株式譲渡」という。）。
2　対象会社の株式全部譲渡価格の合計額は、金●億円（1株あたり金●円）を基準とし、第5条に定める調査結果を踏まえ、別途協議の上、本最終契約において合意するものとする（以下、「本件譲渡価額」という。）。
3　売主は、第3条に定める本最終契約の締結日後遅滞なく、遅くとも第4条に定める譲渡日までに、その他株主をして、同人らが保有する対象会社の株式全てにつき、買主との間で、買主が同意した様式及び内容による株式譲渡契約を締結せしめ、買主に対して、譲渡日に、譲渡せしめるものとする。

（最終的な契約書の締結）
第3条　買主及び売主は、本件株式譲渡について、法的拘束力のある最終的な契約（以下、「本最終契約」という。）を本合意書に定めるところに従い、第4条に定める基本日程に沿って双方が満足する内容で締結できるよう誠心誠意努力するものとする。

（基本日程）
第4条　買主及び売主は、下記の基本日程を目標として、本件株式譲渡を実行する。但し、両当事者が協議の上、下記の基本日程を変更することができる。

記

平成●年●月乃至●月　第5条に定める調査の実施
平成●年●月　　　　　本最終契約の締結
平成●年●月　　　　　対象株式の譲渡の実行（以下、「譲渡日」という。）

第2章　調　　査

（調査）
第5条　買主は、対象会社の事業・商流及び財務内容、資産状態等その他企業価値に関する事項の実在性・妥当性等を検証するために、本合意書締結以降、買主または買主の指定する第三者（公認会計士、弁護士等を含む。以下、「監査人」という。）による対象会社の調査（事業計画の検証、実地調査、インタビュー、会計帳簿その他の書類の閲覧、調査を含む。以下、「本件調査」という。）を実施するものとする。
2　本件調査の時期・項目・方法等については、別途買主及び売主で協議の上決定するものとする。

第3章　譲渡日までの義務

（善管注意義務）
第6条　対象会社は、本合意書に別段の定めのある場合を除き、本件株式譲渡が実行されるまで、善良なる管理者の注意をもって対象会社の業務を運営するものとし、対象会社において下記の各号に掲げる行為その他対象会社の事業・商流及び財務内容、資産状態等その他企業価値に関する事項に重大な変更を生じせしめる行為を買主の事前の承諾なく行わないものとし、売主は、対象会社をして、これを遵守させるものとする。
一　重大な資産の譲渡、処分、賃貸借
二　新たな借入の実行その他の債務負担行為及び保証、担保設定行為
三　新たな設備投資及び非経常的な仕入行為
四　主要な取引先との取引条件の大幅な変更
五　非経常的な契約の締結及び解約、解除
六　役員の大幅な変動及び契約条件の変更
七　従業員の大幅な新規採用及び解雇
八　対象会社の株式の譲渡承認（本件株式譲渡に係る譲渡承認を除く。）、自己株式の取得
九　募集株式の発行等、減資、株式分割、株式割当て、株式併合
十　合併、会社分割、株式交換・株式移転、事業譲渡
十一　前各号の他、本合意書締結日時点の対象会社の株主比率の変更を生じさせる行為
十二　前各号の他、日常業務に属さない事項

2 対象会社は、本件株式譲渡が実行されるまで、取引先との取引関係や従業員との雇用関係その他対象会社の事業・商流及び財務内容、資産状態等その他企業価値に関する事項が良好に維持されるよう努力するものとする。

第4章　表明及び保証

（表明及び保証）
第7条　売主は、本最終契約において、買主に対し、対象株式の存在及び帰属等並びに対象会社の事業・商流及び財務内容、資産状態等その他企業価値に関する事項の実在性・妥当性等に関し、買主との間で合意した事項につき表明保証を行うものとする。

第5章　付帯合意

（役員の処遇）
第8条　役員の処遇に関しては、下記のとおりとする。
　一　役員の退任
　　　売主は、譲渡日をもって、下記に示す対象会社の取締役を辞任するものとし、売主の本件株式譲渡後の役職及び待遇等については、買主及び売主で協議の上決定するものとする。

記
取締役　●●●
監査役　●●●

　二　役員退職慰労金
　　　売主が第1号に基づき対象会社の取締役及び監査役を辞任する際の役員退職慰労金については、別途買主及び売主で協議の上決定し、売主が対象会社を最終的に退任する際に支給されるものとする。なお、役員退職慰労金を支給する場合もしくは役員退職慰労金を引当する場合、本件譲渡価額から役員退職慰労金相当額が控除されるものとする。

記
取締役　●●●　：金●円
監査役　●●●　：金●円

　三　役員の派遣
　　　本件株式譲渡後の買主から対象会社に対する役員の派遣については、別途買主及び対象会社で協議の上決定するものとする。

（従業員等の処遇）
第9条　従業員の処遇に関しては、下記のとおりとする。
　一　従業員の雇用

買主は、本件株式譲渡後、対象会社が本件株式譲渡時点において雇用している従業員の雇用条件を当面の間維持するものとする。
二　退職金制度及び生命保険積立金の取り扱い
対象会社における従業員の退職金制度及び生命保険積立金の取り扱いについて、別途買主及び売主で協議の上最終契約にて決定するものとする。
三　従業員の派遣
買主から対象会社に対する従業員の派遣については、別途買主及び対象会社で協議の上決定するものとする。

（株式譲渡後の支援及び協力）
第10条　売主は、本件株式譲渡後、買主が対象会社の経営を行うに当たり、買主または対象会社からの要請に基づき、買主に対して対象会社の事業の引継ぎ及び経営における助言等の支援を当面の間行うものとする。

第6章　解　　除

（買主の解除権）
第11条　本合意書の有効期間中といえども、対象会社または売主に下記の各号のいずれかに該当する事由が生じ、買主が対象会社及び売主に対して書面で催告後●日を経過するまでの日にこれが是正されない場合は、買主は、本合意書を解除することができる。
一　対象会社または売主が本合意書に違反した場合（但し、法的拘束力を有する条項に違反したときに限る。）もしくは、売主の故意または重過失により本合意書の目的が達成できない場合
二　重要な契約の変更、主要な取引先の倒産、係争事件の発生等の事業環境の著しい変化、その他対象会社の事業に関する重要な事象、天変地異その他不可抗力により発生した重大な損害に関する事象の発生等外部的理由により、対象会社の事業・商流及び財務内容、資産状態等その他企業価値に関する事項について重大な変動が生じた場合
三　対象会社の事業・商流及び財務内容、資産状態等その他企業価値に関する事項について重大な影響を及ぼす事象があり、その結果、買主において、本件株式譲渡の実行が不可能であると認められる場合
四　対象会社の重要な取引先との取引が解除されることにより、または対象会社の重要な役員または従業員が退職することにより、対象会社の事業・商流及び財務内容、資産状態等その他企業価値に関する事項について重大な影響を及ぼすおそれが生じ、その結果、買主において、本件株式譲渡の実行が不可能であると認められる場合

（対象会社または売主の解除権）
第12条　第13条にて別途定める本合意書の有効期間中といえども、買主に次号に該当する事由が生じ、対象会社または売主が買主に対して書面で催告後●日を経過するまでの日にこれが是正されない場合は、売主は、本合意書を解除することができる。
一　買主が本合意書に違反した場合（但し、法的拘束力を有する条項に違反したときに限る。）もしくは、買主の故意または重過失により本合意書の目的が達成できない場合。

第7章　合意書の効力等

（有効期間）
第13条　本合意書の有効期間は、本合意書締結日から、本最終契約が締結された日または本合意書締結日から起算して●ヶ月を経過する日のいずれか早い日までとする。
2　買主、対象会社及び売主は、書面により合意した場合、前項の有効期間を延長することができるものとする。
3　第１項の規定に基づき本合意書が失効したときは、買主と対象会社及び売主は、本合意書の締結・履行に関して相手方から受け取った資料の返還方法等につき別途合意するものとする。この場合、本合意書中において法的拘束力を有することを確認した条項に違反した場合を除き、買主と対象会社及び売主は、相互に損害賠償責任を負わず一切の金銭等の請求を行わないものとする。

（独占交渉権）
第14条　対象会社及び売主は、第13条第１項に定める本合意書の有効期間中は、第三者との間で、対象会社の株式の譲渡、合併、第三者割当増資、株式交換等の企業提携その他本件株式譲渡の実行を困難とする取引の交渉及び情報の交換、連絡を行うことができないものとし、また、現時点でいかなる第三者ともかかる交渉及び情報の交換、連絡を行っていないことも保証する。

（法的拘束力）
第15条　買主、対象会社及び売主は、本合意書のうち、第５条、第６条、及び第11条乃至第21条についてのみ法的拘束力を有し、その他の条項については法的拘束力を有しないものであることを確認する。

第8章　一般条項

（秘密保持）
第16条　買主と対象会社及び売主は、下記の各号に定める情報を除き、相手当事者

の事前の書面による承諾なしに、本合意書締結の事実及び本合意書の内容、並びに本件株式譲渡その他本合意書に関する一切の情報（以下、本条において「秘密情報」という。）について第三者に開示してはならない。但し、買主と対象会社及び売主は、本合意書の目的達成のため合理的に必要な範囲で、M&Aアドバイザー、弁護士、公認会計士、税理士、司法書士及びコンサルタントその他の専門家に対し、秘密保持義務を課した上で秘密情報を開示することができる。
一　開示を受けた時点で、受領者がすでに保有していた情報
二　開示を受けた時点で、既に公知であった情報
三　開示を受けた後、受領者の責に帰さない事由により公知となった情報
四　受領者が開示者の秘密情報を利用することなく独自に開発した情報
五　受領者が正当な権限を有する第三者より守秘義務を負うことなく開示を受けた情報
六　法令、証券取引所の規則その他これに準ずる定めに基づき受領者に開示が要求された情報。ただし、当該要求を受けた受領者は、速やかに開示者に当該事実を通知するものとする。
2　本条における義務は、解除・失効等の原因の如何を問わず、本合意書の効力が失われた後も●年間は有効に存続する。

（公表）
第17条　各当事者は、内容、時期及び方法について別途協議し、事前に合意した場合を除き、本件株式譲渡に関して、プレスリリースその他の公表を行ってはならないものとする。なお、いずれの当事者も、法令もしくは証券取引所の規則により開示を義務付けられるおそれがある場合においても、開示の要否、内容、時期及び方法について事前に相手方と協議の上、本件株式譲渡に関して、プレスリリースその他の公表を行うものとする。

（費用）
第18条　本合意書に定める事項を実施するために要する一切の費用は、特段の合意がない限り、各当事者の負担とする。

（譲渡禁止）
第19条　各当事者は、他の当事者の事前の書面による承諾を得ることなく、本合意書により生じた権利義務の全部もしくは一部または本合意書上の当事者たる地位を、第三者に譲渡し、担保に供し、またはその他の方法で処分してはならない。

（準拠法及び管轄）
第20条　本合意書は、日本法に準拠し、同法に従って解釈されるものとし、本合意

書に関する一切の裁判上の紛争については、東京地方裁判所を第一審の専属管轄裁判所とする。

（協議事項）
第21条　本合意書に定めのない事項及び本合意書の各条項に疑義が生じたときは、各当事者は、誠意をもって協議の上解決するものとする。

　本合意締結の証として本合意書正本●通を作成し、買主、対象会社、売主が各自記名押印のうえ、各々その一通を保管する。

平成●年●月●日

　　　　　　　　　　　　　　　買主：（住所）●●●
　　　　　　　　　　　　　　　　　　（社名）●●●
　　　　　　　　　　　　　　　　　　　　　代表取締役　●●●　㊞

　　　　　　　　　　　　　　対象会社：（住所）●●●
　　　　　　　　　　　　　　　　　　（社名）●●●
　　　　　　　　　　　　　　　　　　　　　代表取締役　●●●　㊞

　　　　　　　　　　　　　　　売主：（住所）●●●
　　　　　　　　　　　　　　　　　　（社名）●●●
　　　　　　　　　　　　　　　　　　　　　代表取締役　●●●　㊞

〈別紙6〉

株式譲渡契約書（サンプル）

　[売主]（以下、「甲」という。）と　[買主]（以下、「乙」という。）とは、甲の所有する[対象会社]（以下、「対象会社」という。）の株式の譲渡に関し、平成●年●月●日（以下、「本契約締結日」という。）付けで、下記のとおり契約（以下、「本契約」という。）を締結する。

第1章　株式の譲渡

第1.1条（株式の譲渡）
1．甲は、本契約の規定に従い、平成●年●月●日または甲乙間で別途合意する日（以下、「実行日」という。）をもって、甲が所有する対象会社の株式●株（以下、「本件株式」という。）を乙に譲渡し、乙はこれを譲り受ける（以下、「本件譲渡」という。）。

第1.2条（譲渡対価）
　本件株式の譲渡対価は、合計金●円（1株につき金●円。以下、「本件譲渡価額」という。）とする。

第2章　本件譲渡の実行

第2.1条（本件譲渡の実行）
1．乙は、実行日において、甲に対し、甲の指定する下記の銀行口座に振込送金する方法により本件譲渡価額を支払うものとする。振込手数料は乙の負担とする。

記

　　　　　　　金融機関　：●●●
　　　　　　　預金種目　：●●●
　　　　　　　口座番号　：●●●
　　　　　　　口座名義　：●●●

2．甲及び乙は、対象会社をして、実行日において、対象会社の株主名簿に登録された本件株式の株主の名義を甲から乙に変更させる。
3．本件株式に関する権利は、前二項に規定する本件譲渡の実行が完了した時に、甲から乙に移転するものとする。

第3章　本件譲渡実行の前提条件

第3.1条（本件譲渡実行の前提条件）
1．本件譲渡を実行する甲の義務は、実行日に下記の条件が全て満たされることを

条件とする。但し、甲は、自己の裁量により、かかる条件の全部または一部を放棄することができる。
(1) 第4.1条第2項に規定する乙の表明及び保証が、本契約締結日及び実行日において、重要な点において真実かつ正確であること
(2) 乙が、実行日までに履行または遵守すべき本契約上の義務を、重要な点において履行または遵守していること
2. 本件譲渡を実行する乙の義務は、実行日に下記の条件が全て満たされることを条件とする。但し、乙は、自己の裁量により、かかる条件の全部または一部を放棄することができる。
(1) 第4.1条第1項に規定する甲の表明及び保証が、本契約締結日及び実行日において、重要な点において真実かつ正確であること
(2) 甲が、実行日までに履行または遵守すべき本契約上の義務を、重要な点において履行または遵守していること
(3) 対象会社の株主総会による本件譲渡の承認が完了していること

第4章　表明及び保証

第4.1条（表明及び保証）
1. 甲は、乙に対して、本契約締結日及び実行日において、別紙4.1.1記載の事項が真実かつ正確であることを表明し、保証する。
2. 乙は、甲に対して、本契約締結日及び実行日において、別紙4.1.2記載の事項が真実かつ正確であることを表明し、保証する。

第5章　損害賠償

第5.1条（損害賠償）
1. 甲及び乙は、相手方当事者が本契約に基づく義務または表明保証に違反し、それに起因または関連して損害、損失または費用（合理的範囲における弁護士・会計士・税理士その他のアドバイザーの費用も含む。以下、「損害等」という。）を被った場合には、本条に基づきかかる損害等の補償を相当因果関係の認められる範囲で相手方当事者に対して請求することができるものとし、相手方当事者は本条に基づきこれを補償するものとする。
2. 前項に基づく補償の請求は、実行日から●ヶ月が経過する日までに限り、かつ、具体的な請求の根拠並びに賠償を求める損害等の内容及びその金額を特定した書面をもってのみ、これを行うことができる。
3. 前二項に定める補償の請求により補償すべき金額の累計額は、本件譲渡価額の合計額の●％を上限とする。

第6章　終了・解除

第6.1条（終了・解除）
1．本契約は、本件譲渡の実行が平成●年●月●日までに完了しなかった場合には、通知等何らの手続きを経ることなく同日付で当然に終了する。
2．甲は、下記の事由のいずれかが発生した場合、第2.1条に従い本件譲渡が実行される時までに、乙に対して書面による通知を行うことにより本契約を解除することができる。
   (1) 乙が第4.1条第2項に基づき表明し保証した内容について、重要な点において真実かつ正確でなかったとき
   (2) 乙が本契約に基づき履行または遵守すべき義務に違反し、かつ当該義務違反が重大なものである場合であって、当該義務違反の治癒が不可能なときまたは書面による催告後●日以内に当該義務違反が治癒されないとき
3．乙は、下記の事由のいずれかが発生した場合、第2.1条に従い本件譲渡が実行される時までに、甲に対して書面による通知を行うことにより本契約を解除することができる。
   (1) 甲が第4.1条第1項に基づき表明し保証した内容について、重要な点において真実かつ正確でなかったとき
   (2) 甲が本契約に基づき履行または遵守すべき義務に違反し、かつ当該義務違反が重大なものである場合であって、当該義務違反の治癒が不可能なときまたは書面による催告後●日以内に当該義務違反が治癒されないとき
   (3) その他株主譲渡契約のいずれかが終了しまたは解除されたとき
4．甲及び乙は、第2.1条に従い本件譲渡が実行された時以降は、いかなる理由がある場合でも本契約を解除することはできない。

第7章　一般条項

第7.1条（秘密保持）
　甲及び乙は、本契約の締結の事実、その内容及び条件並びに本契約に関連して相手方から開示された情報を秘密として保持し、事前に相手方の書面による同意がある場合を除き、これを第三者に開示してはならず、また本契約の目的以外に使用してはならない。

第7.2条（費用負担）
　甲及び乙は、本契約の準備、締結及び履行に関連して、それぞれに発生した経費及び手数料その他一切の費用（弁護士費用及び会計士費用を含むが、これらに限られない。）については、各自がそれぞれ負担するものとする。

第7.3条（管轄裁判所）
本契約に起因または関連して生じた一切の紛争については、東京地方裁判所を第一審の専属的合意管轄裁判所とする。

第7.4条（誠実協議）
本契約に定めのない事項または本契約の解釈に関し、甲及び乙の間に疑義が生じた場合には、甲及び乙は、誠実に協議の上、その解決に努めるものとする。

本契約締結の証として本契約書２通を作成し、甲乙が記名押印の上各１通を保有する。

平成●年●月●日

　　　　　　　　　　　　　　　買主：（住所）●●●
　　　　　　　　　　　　　　　　　　（社名）●●●
　　　　　　　　　　　　　　　　　　　　　　代表取締役　●●●　㊞

　　　　　　　　　　　　　　　売主：（住所）●●●
　　　　　　　　　　　　　　　　　　（社名）●●●
　　　　　　　　　　　　　　　　　　　　　　代表取締役　●●●　㊞

別紙4.1.1　甲の表明及び保証

<u>甲の表明及び保証</u>

1　甲に関する事項
（1）必要な権限及び権能
　　甲は、本契約を適法かつ有効に締結し、これを履行するために必要な権限及び権能を有している。
（2）執行可能性
　　本契約は、甲により適法かつ有効に締結され、かつ乙により適法かつ有効に締結された場合には、甲の適法、有効かつ法的拘束力のある義務を構成し、かかる義務は、本契約の各条項に従い、甲に対して執行可能である。
（3）法令等との抵触の不存在
　　甲による本契約の締結及び履行は、甲に適用ある法令に違反するものではない。

2　対象会社の株式等に関する事項
　(1)　本件株式
　　　甲は、本件株式の全てを適法かつ有効に所有しており、本件株式全てにつき、実質上かつ株主名簿上の唯一の株主である。本件株式の全てに関して、いかなる負担も存在しない。甲は、本件株式の帰属に関連して第三者から何らの請求及び主張も受けておらず、本件譲渡の実行により、乙は一切の負担のない状態で本件株式の完全な所有権を取得することができる。
　(2)　株式及び潜在株式
　　　対象会社の発行可能株式総数は●株、発行済株式数は●株であり、かかる株式を除き、対象会社の株式、新株予約権、新株予約権付社債その他の潜在株式は存在せず、これらを付与する旨の契約または決議等は存在しない。

3　対象会社等に関する事項
　(1)　有効な法的主体性
　　　対象会社等は、日本法に基づき適法かつ有効に設立され、かつ存続する株式会社であり、現在行っている事業を行い、またその資産を保有するために必要な権限及び権能を有している。
　(2)　情報開示の正確性等
　　　対象会社等が本契約に関して乙に開示した一切の資料及び情報は真実かつ正確であり、また、本件譲渡または本契約の内容に関して、乙の判断に重大な影響を及ぼす可能性のある情報は、乙に全て開示済みである。対象会社等が乙に対して開示した資料及び情報は重要な点において事実の記載が欠けていることはなく、また誤解を生じさせる内容は含まれていない。
　(3)　反社会的勢力との関係等の不存在
　　　対象会社等及びその役員は、反社会的勢力ではなく、反社会的勢力との間に、直接または間接を問わず何らの資本、組織または取引上その他の関係はなく、反社会的勢力に対して名目の如何を問わず資金提供、援助その他の便益の供与を行っておらず、また当該便益の供与を反社会的勢力から受けていない。
　(4)　財務諸表等の正確性
　　　甲が乙に開示した対象会社等の財務諸表は、本件財務諸表等の基準となった日、年度または期間における対象会社等の財務状態及び事業結果を、重要な点において、適正かつ正確に表示している。対象会社等はいずれも、法令等で定めるところにより、適時に、重要な点において正確な会計帳簿を作成し、保存している。対象会社等の本件財務諸表等は、我が国において一般に公正妥当と認められる企業会計の基準に従って作成されている。
　(5)　公租公課
　　　対象会社等は、国または地方公共団体等に対して負担すべき法人税、消費税

その他一切の公租公課等の適法かつ適正な届出及び申告を行っており、その支払を全て支払期限までに行っている。対象会社等と税務当局との間で係争または見解の相違は生じておらず、また、生じるおそれはない。
(6) 後発事象
　　対象会社等は、平成●年●月期に係る貸借対照表及び損益計算書の作成基準日（以下、「本基準日」という。）以降、対象会社等に重大な悪影響を及ぼす行為は行っていない。また、甲の知り得る限り、本基準日以降、対象会社等による作為または不作為を問わず、対象会社等に重大な悪影響を及ぼす事象は発生しておらず、そのおそれもない。
(7) 簿外債務・偶発債務
　　対象会社等は、対象会社等の財政状態、経営成績、キャッシュフロー、事業もしくは資産に重大な悪影響を及ぼす債務または負債（保証債務、保証予約、偶発債務、簿外債務その他の隠れた債務を含む。）を負担していない。
(8) 紛争処理手続き等の不存在
　　対象会社等の資産、負債もしくは事業に関連して、訴訟、仲裁、調停、斡旋その他の司法上、行政上または私的な紛争処理手続きは係属または進行していない。また、甲の知り得る限り、将来においてかかる紛争処理手続きが係属または進行することが合理的に予測できる事情も存在しない。

別紙4.1.2　乙の表明及び保証

乙の表明及び保証

(1) 有効な法的主体性
　　乙は、日本法に基づき適法かつ有効に設立され、かつ存続する株式会社であり、現在行っている事業に必要な権限及び権能を有している。
(2) 必要な権限及び権能
　　乙は、本契約を適法かつ有効に締結し、これを履行するために必要な権限及び権能を有している。
(3) 必要な手続きの履践
　　乙による本契約の締結及び履行は、その目的の範囲内の行為であり、乙は、本契約の締結及び履行に関し、法令、定款その他乙の内部規則において必要とされる手続きを全て適法に履践している。
(4) 執行可能性
　　本契約は、乙により適法かつ有効に締結され、かつ甲により適法かつ有効に締結された場合には、乙の適法、有効かつ法的拘束力のある義務を構成し、かかる義務は、本契約の各条項に従い、乙に対して執行可能である。

(5) 法令等との抵触の不存在

　乙による本契約の締結及び履行は、乙に適用ある法令、定款その他乙の内部規則に違反するものではない。

参考文献一覧

木俣貴光「企業買収の実務プロセス［第2版］」（中央経済社、2017年）
北地達明・北爪雅彦・松下欣親「最新M&A実務のすべて」（日本実業出版社、2012年）
M&Aシニアエキスパート養成スクール事務局編「中小企業M&A実務必携　M&A概論編」（きんざい、2017年）
村木良平「中小企業M&A実務必携　税務編」（きんざい、2016年）
梅田亜由美「中小企業M&A実務必携　法務編」（きんざい、2016年）
株式会社KPMG FAS「図解でわかる企業価値評価のすべて」（日本実業出版社、2011年）
伊藤邦雄「新・企業価値評価」（日本経済新聞出版社、2014年）
株式会社プルータス・コンサルティング編「企業価値評価の実務Q&A［第4版］」（中央経済社、2018年）
マッキンゼー・アンド・カンパニー「企業価値評価［第6版］上・下」（ダイヤモンド社、2016年）
篠田康人「Q&Aでよくわかる中小企業のためのM&Aの教科書」（総合法令出版、2016年）
菊池伸・有限責任監査法人トーマツ・デロイト　トーマツ税理士法人・デロイト　トーマツファイナンシャルアドバイザリー合同会社編著「企業再編　法律・会計・税務と評価［第2版］」（清文社、2015年）
Donald M. DePamphilis著・株式会社KPMG FAS訳「M&Aと組織再編のすべて」（金融財政事情研究会、2017年）
プライスウォーターハウスクーパース株式会社編「M&Aを成功に導く　財務デューデリジェンスの実務［第4版］」（中央経済社、2014年）
マーバルパートナーズ編「M&Aを成功に導く　ビジネスデューデリジェンスの実務［第3版］」（中央経済社、2013年）
菊池康介・前田絵理編著「企業買収後の統合プロセス」（中央経済社、2014年）
松江英夫「ポストM&A成功戦略　企業価値を最大化する統合の実践シナリオ」（ダイヤモンド社、2008年）
ウィリス・タワーズワトソン編「M&Aシナジーを実現するPMI」（東洋経済新報社、2016年）

藤原総一郎編著「M&Aの契約実務」（中央経済社、2010年）
戸嶋浩二ほか「M&A契約　モデル条項と解説」（商事法務、2018年）
アンダーソン・毛利・友常法律事務所編「M&A実務の基礎」（商事法務、2015年）
石井禎・関口智弘編「実践TOBハンドブック［改訂版］」（日経BP社、2010年）
白井正和・仁科秀隆・岡俊子「M&Aにおける第三者委員会の理論と実務」（商事法務、2015年）
井本吉俊ほか「M&A担当者のための独禁法ガン・ジャンピングの実務」（商事法務、2017年）
笹山幸嗣・村岡香奈子「M&Aファイナンス［第2版］」（金融財政事情研究会、2008年）
笹山幸嗣・松村祐土・三上二郎「MBO経営陣による上場企業の戦略的非公開化」（日本経済新聞出版社、2011年）
日本バイアウト研究所編「プロフェッショナル経営者とバイアウト（日本企業のバイアウト）」（中央経済社、2012年）
日本バイアウト研究所編「事業承継とバイアウト（日本企業のバイアウト）」（中央経済社、2011年）
日本バイアウト研究所編「事業再生とバイアウト（日本企業のバイアウト）」（中央経済社、2011年）
日本バイアウト研究所編「事業再編とバイアウト（日本企業のバイアウト）」（中央経済社、2011年）
佐武伸・倉本大樹・牧野安与「M&Aによる事業再生の実務」（中央経済社、2013年）
知野雅彦監修・株式会社KPMG FAS編「実践　企業・事業再生ハンドブック」（日本経済新聞出版社、2015年）
中央経済社編「「会社法」法令集［第11版］」（中央経済社、2015年）
西村あさひ法律事務所編「資本・業務提携の実務［第2版］」（中央経済社、2016年）
金丸和弘ほか編「ジョイント・ベンチャー契約の実務と理論［新訂版］」（金融財政事情研究会、2017年）
發知敏雄・箱田順哉・大谷隼夫「持株会社の実務［第8版］」（東洋経済新報社、2018年）
宍戸善一・梅谷眞人・福田宗孝「ジョイント・ベンチャー戦略大全：設計・交渉・法務のすべて」（東洋経済新報社、2013年）

M.E.ポーター著・土岐坤訳「競争優位の戦略──いかに高業績を持続させるか」
（ダイヤモンド社、1985年）
東京証券取引所上場部編「会社情報適時開示ガイドブック　2017年3月版」（東京証券取引所、2017年）

事項索引

【英字】

β ……………………………………… 117
CAPM ……………………………… 116
DCF法
　………… 111,112,116,119,123,127,
　　　　　131,134
DD
　…… 29,47,67,71,73,76,79,81,94,
　　　　　133,200
EBIT ………………………………… 128
EBITDA …………………………… 124,187
FCF ………………………… 112,127,129,144
IPO …………………………………… 190
MBO ………………………… 182,185,188,190
MBO指針 ……………………………… 189
NOPLAT ……………………………… 128
PMI ………………………… 9,200,204,208
ROI …………………………………… 132
Valuation …… 94,111,119,124,133,144
WACC ……………………………… 116,128

【ア行】

相対方式 ……………………………… 2,62,171
アドバイザリー報酬 ………………… 45
意向表明書（一次意向表明書、最
　終意向表明書）………………… 66,69
インカムアプローチ ………… 110,112
インフォメーションパッケージ
　………………………………… 49,52
インフォメーションメモランダム
　………………………………… 50,52
永久成長率 …………………………… 128
営業利益 ………… 39,101,113,120,128
エクイティファイナンス ………… 183

オンサイトDD ……………………… 83

【カ行】

会社分割 …… 16,151,156,160,168,175
外部成長（ノンオーガニックグ
　ロース）………………………… 33
合併 …… 16,99,158,175,177,186,204
ガバナンス …………………………… 200
株式移転 ……………………… 16,99,173
株式価値
　………… 8,46,110,117,140,142,195
株式価値算定書 ……………………… 146
株式交換 ………………… 158,173,175,180
株式譲渡
　…… 87,92,99,105,107,150,162,204
ガンジャンピング規制 …………… 103
感応度分析 …………………………… 128
企業価値 ……………………… 11,119,140
議決権 ……………………… 16,151,156
基本合意書 …………………………… 71
キャッシュアウトマージャー …… 159
吸収合併 ……………………… 158,175,180
吸収分割 ……………………………… 155,160
共同株式移転 ………………… 173,180
業務提携 …………………………… 14,192
許認可 ………………… 39,74,95,168,178
クロージング
　……………… 87,93,95,105,204,206
軽微基準 ……………………………… 99
現物出資 ……………………………… 161
公開買付け（TOB）………… 163,195
公開買付制度 ………………………… 163
コールドコール ……………………… 41
コストアプローチ …………………… 113

事項索引　235

コントロールプレミアム 195

【サ行】
最終契約書（DA）
　............ 85,87,91,94,105,206
再上場 190
再生案件 123
再生企業 165,168,171
差入式 54
三角合併 159
事業計画
　.... 46,50,51,112,127,133,134,138,
　　　　　　　　　140,142,144
事業再生 184
事業再生ADR 167
事業承継 24,29,182
事業譲渡 150,156,161,168
市場株価法 110,119,122
実体規制 103
実態純資産 73,200
私的整理手続 165,168,171
シナジー（効果）
　...... 9,36,75,97,136,140,150,179,
　　　　　　　192,198,200,206,208
資本提携 14,192,195
修正簿価純資産法
　............ 111,113,119,124,129,131
ジョイントベンチャー（JV）
　................................ 14,192,197
少数株主 110,163,188,195,197
譲渡価格 169,171
消滅会社 158,175
ショートリスト 36,38
人員計画 50,145
新設会社 155,158,174
新設合併 101,158
新設分割 155,175

スクリーニング 114
スタンドアローン 74,137,202
ステークホルダー ... 140,166,169,171
スピンアウト 183
成功報酬 45
清算（価値） 111,131,169
正常収益力 73,133,157,200
誓約事項 88,95
双務式 54
損害賠償 30,86,88,92,95,134
存続会社 158,175,177,201

【タ行】
ターミナルバリュー 127
第三者委員会 147,188
第三者割当増資 168
タッピング 37
ティーザー（ノンネームシート）.... 26
適時開示 99
テクニカル上場 180
投資計画 145
独占禁止法 102
独占交渉権 72
特別補償条項 90,96
届出規制 103

【ナ行】
内部収益率 132
内部成長（オーガニックグロース）
　.. 33
入札方式 2,62,64,86,136,171

【ハ行】
バーチャルデータルーム（VDR）.... 83
買収価格 8,29,131
配当割引法 111,112
非上場化 183

秘密保持契約書（CA、NDA）…… 58
表明保証 ……………………… 8, 91, 95
フェアネスオピニオン ………… 147
フランチャイズ契約 ……………… 14
プレM&A ………………………… 3
プレスリリース ………………… 191
プレミアム ………… 110, 117, 185, 190
プロセスレター ………… 49, 66, 69
包括承継 ……………… 157, 168, 178
法的拘束力 ………………… 72, 136
法的整理手続 …………… 165, 171

【マ行】

マーケットアプローチ ……… 110, 196
マイノリティディスカウント …… 195
マネジメントインタビュー ……… 79

メザニン ………………………… 187
持株会社 ……………… 173, 177, 180

【ヤ行】

有価証券報告書提出義務 ………… 163

【ラ行】

ライセンス契約 …………………… 14
リファイナンス資金 …………… 186
臨時報告書 ……………………… 99
類似会社 ……………………… 114, 124
類似会社比較法
　…… 110, 111, 122, 124, 129, 131, 196
類似取引比較法 ………………… 111
ロングリスト ………………… 34, 38

事項索引　237

【執筆者紹介】

黒田　裕司（くろだ　ゆうじ）
コーポレートアドバイザリー部長　プリンシパル　中小企業診断士
総合商社を経て、当社入社。事業計画策定支援、経営体制構築支援等のほか、M&Aアドバイザリーをはじめ、企業組織再編や各種資本政策に関するアドバイザリー等、企業の資本周りの支援に幅広く関与。
著書に「営業マンは決算書のここだけ見なさい」（ダイヤモンド社）、「事業再構築戦略シナリオ」（日本能率協会マネジメントセンター・共著）、「P/L再生の実務」（銀行研修社・寄稿）他。

酒井　宏輝（さかい　ひろてる）
チーフコンサルタント
国内大手証券の大和証券SMBC（現　大和証券）のM&Aアドバイザリー部門、有限責任監査法人トーマツグループのデロイト　トーマツ　ファイナンシャルアドバイザリー合同会社のM&A・再生・再編アドバイザリー部門を経て、当社入社。事業会社、ファンド、再生企業、医療法人、学校法人のM&Aをはじめ、経営統合、MBO、企業価値評価、M&A戦略策定等の多数のM&A関連案件に関与。これらに加え、企業組織再編コンサルティング、事業承継、事業再生、株式買取請求対応支援等の案件に関与。

廣田　智久（ひろた　ともひさ）
シニアコンサルタント　経営学修士
国内大手信用格付業者である格付投資情報センター（R&I）のストラクチャードファイナンス部門にて、主に事業の証券化（WBS）やプロジェクトファイナンス等の信用格付に従事した後、当社入社。M&Aアドバイザリー、企業組織再編コンサルティング、事業承継アドバイザリー等のストラクチャリング案件に加え、経営戦略立案からビジネスデューデリジェンス、中期経営計画策定、バリューアップ支援までのコンサルティング案件を経験。

北川　達也（きたがわ　たつや）
シニアコンサルタント　公認会計士
有限責任あずさ監査法人にて、さまざまな業種の法定監査業務、IPO関連業務、

内部統制支援業務に従事した後、当社入社、2018年3月31日まで在籍。M&Aアドバイザリー、企業価値評価、ビジネスデューデリジェンス等の多数のM&A関連案件に関与。これらに加え、企業組織再編コンサルティング、中期経営計画策定支援等、公認会計士としての知見を活かして多数のコンサルティング案件を経験。

中井　達也（なかい　たつや）
シニアコンサルタント

不動産会社経営企画部門にて、主としてホテル・旅館業への投資事業や運営管理事業に従事した後、当社入社。M&Aアドバイザリー、企業価値評価、M&A戦略策定等の多数のM&A関連案件に関与。これらに加え、中期経営計画策定、ビジネスデューデリジェンス、顧客満足度調査等、幅広いコンサルティング案件も経験。

込山　大介（こみやま　だいすけ）
シニアコンサルタント　税理士

EY税理士法人を経て、当社入社。M&Aアドバイザリー、事業承継アドバイザリー、企業組織再編コンサルティング、持株会設立等の資本周りの支援のほか、中期経営計画策定、収益改善支援等、企業の根幹に関わる業務を中心に幅広い経営コンサルティング案件に関与。

小松　真也（こまつ　しんや）
シニアコンサルタント　公認会計士

有限責任監査法人トーマツにて、法定監査業務、内部統制支援業務に従事した後、当社入社。M&Aアドバイザリー、企業価値評価、ビジネスデューデリジェンス等の多数のM&A関連案件に関与。これらに加え、企業組織再編コンサルティング、中期経営計画策定支援等、公認会計士としての知見を活かして多数の経営コンサルティング案件を経験。

大石　良輝（おおいし　よしき）
コンサルタント　公認会計士

有限責任監査法人トーマツ、事業会社、アビームコンサルティング株式会社を経て、当社入社。M&Aアドバイザリー、企業価値評価、事業計画策定支援、企業

組織再編コンサルティング、M&A戦略策定支援等の多数の経営コンサルティング案件を経験。

安村　啓佑（やすむら　けいすけ）
コンサルタント

アビームコンサルティング株式会社を経て、当社入社。M&Aアドバイザリー、企業価値評価、ビジネスデューデリジェンス、企業組織再編コンサルティング、中期経営計画策定支援、新規事業立案支援等の多数の経営コンサルティング案件を経験。

大澤　潤（おおさわ　じゅん）
コンサルタント

株式会社みずほ銀行にて、プライベート・エクイティ・ファンドや事業会社向けのM&Aファイナンスに関する各種業務に従事した後、当社入社。M&Aアドバイザリー、企業価値評価、M&A戦略策定支援等の多数のM&A関連業務に関与。これらに加え、企業組織再編コンサルティング、中期経営計画策定等の案件も経験。

目野　京太（めの　きょうた）
アソシエイト

三井住友信託銀行株式会社を経て、当社入社。M&Aアドバイザリー、企業組織再編コンサルティング、中期経営計画策定支援、事業戦略策定支援、企業理念策定支援等の案件を経験。

片岡　万葉（かたおか　たかふさ）
アソシエイト

株式会社みずほ銀行、みずほ証券株式会社を経て、当社入社。M&Aアドバイザリー、企業価値評価、企業組織再編コンサルティング等の案件を経験。

小澤　宏貴（おざわ　ひろき）
アソシエイト

大学院修了後、当社入社。M&Aアドバイザリー、企業価値評価、M&A戦略策定支援、新規事業立案支援等の案件を経験。

Q&Aで理解する
中堅・中小企業向けM&A実務の基礎

2018年10月17日　第1刷発行

著　者　三菱UFJリサーチ＆コンサルティング株式会社
　　　　コーポレートアドバイザリー部
発行者　倉　田　　　勲
印刷所　株式会社日本制作センター

〒160-8520　東京都新宿区南元町19
発　行　所　一般社団法人 金融財政事情研究会
企画・制作・販売　株式会社きんざい
　出版部　TEL 03(3355)2251　FAX 03(3357)7416
　販売受付　TEL 03(3358)2891　FAX 03(3358)0037
　　　　　　URL https://www.kinzai.jp/

・本書の内容の一部あるいは全部を無断で複写・複製・転訳載すること、および磁気または光記録媒体、コンピュータネットワーク上等へ入力することは、法律で認められた場合を除き、著作者および出版社の権利の侵害となります。
・落丁・乱丁本はお取替えいたします。定価はカバーに表示してあります。

ISBN978-4-322-13299-1